# PROBLEMÁTICAS DA IDENTIDADE SEXUAL

# Coleção Clínica Psicanalítica
## Títulos publicados

1. **Perversão**
   *Flávio Carvalho Ferraz*
2. **Psicossomática**
   *Rubens Marcelo Volich*
3. **Emergências Psiquiátricas**
   *Alexandra Sterian*
4. **Borderline**
   *Mauro Hegenberg*
5. **Depressão**
   *Daniel Delouya*
6. **Paranoia**
   *Renata Udler Cromberg*
7. **Psicopatia**
   *Sidney Kiyoshi Shine*
8. **Problemáticas da Identidade Sexual**
   *José Carlos Garcia*
9. **Anomia**
   *Marilucia Melo Meireles*
10. **Distúrbios do Sono**
    *Nayra Cesaro Penha Ganhito*
11. **Neurose Traumática**
    *Myriam Uchitel*
12. **Autismo**
    *Ana Elizabeth Cavalcanti*
    *Paulina Schmidtbauer Rocha*
13. **Esquizofrenia**
    *Alexandra Sterian*
14. **Morte**
    *Maria Elisa Pessoa Labaki*
15. **Cena Incestuosa**
    *Renata Udler Cromberg*
16. **Fobia**
    *Aline Camargo Gurfinkel*
17. **Estresse**
    *Maria Auxiliadora de A. C. Arantes*
    *Maria José Femenias Vieira*
18. **Normopatia**
    *Flávio Carvalho Ferraz*
19. **Hipocondria**
    *Rubens Marcelo Volich*
20. **Epistemopatia**
    *Daniel Delouya*
21. **Tatuagem e Marcas Corporais**
    *Ana Costa*
22. **Corpo**
    *Maria Helena Fernandes*
23. **Adoção**
    *Gina Khafif Levinzon*
24. **Transtornos da Excreção**
    *Marcia Porto Ferreira*
25. **Psicoterapia Breve**
    *Mauro Hegenberg*
26. **Infertilidade e Reprodução Assistida**
    *Marina Ribeiro*
27. **Histeria**
    *Silvia Leonor Alonso*
    *Mario Pablo Fuks*
28. **Ressentimento**
    *Maria Rita Kehl*
29. **Demências**
    *Delia Catullo Goldfarb*
30. **Violência**
    *Maria Laurinda Ribeiro de Souza*
31. **Clínica da Exclusão**
    *Maria Cristina Poli*
32. **Disfunções Sexuais**
    *Cassandra Pereira França*
33. **Tempo e Ato na Perversão**
    *Flávio Carvalho Ferraz*
34. **Transtornos Alimentares**
    *Maria Helena Fernandes*

35. **Psicoterapia de Casal**
*Purificacion Barcia Gomes*
*Ieda Porchat*

36. **Consultas Terapêuticas**
*Maria Ivone Accioly Lins*

37. **Neurose Obsessiva**
*Rubia Delorenzo*

38. **Adolescência**
*Tiago Corbisier Matheus*

39. **Complexo de Édipo**
*Nora B. Susmanscky de Miguelez*

40. **Trama do Olhar**
*Edilene Freire de Queiroz*

41. **Desafios para a Técnica Psicanalítica**
*José Carlos Garcia*

42. **Linguagens e Pensamento**
*Nelson da Silva Junior*

43. **Término de Análise**
*Yeda Alcide Saigh*

44. **Problemas de Linguagem**
*Maria Laura Wey Märtz*

45. **Desamparo**
*Lucianne Sant'Anna de Menezes*

46. **Transexualidades**
*Paulo Roberto Ceccarelli*

47. **Narcisismo e Vínculos**
*Lucía Barbero Fuks*

48. **Psicanálise da Família**
*Belinda Mandelbaum*

49. **Clínica do Trabalho**
*Soraya Rodrigues Martins*

50. **Transtornos de Pânico**
*Luciana Oliveira dos Santos*

51. **Escritos Metapsicológicos e Clínicos**
*Ana Maria Sigal*

52. **Famílias Monoparentais**
*Lisette Weissmann*

53. **Neurose e Não Neurose**
*Marion Minerbo*

54. **Amor e Fidelidade**
*Gisela Haddad*

55. **Acontecimento e Linguagem**
*Alcimar Alves de Souza Lima*

56. **Imitação**
*Paulo de Carvalho Ribeiro*

57. **O tempo, a escuta, o feminino**
*Silvia Leonor Alonso*

58. **Crise Pseudoepiléptica**
*Berta Hoffmann Azevedo*

59. **Violência e Masculinidade**
*Susana Muszkat*

60. **Entrevistas Preliminares em Psicanálise**
*Fernando José Barbosa Rocha*

61. **Ensaios Psicanalíticos**
*Flávio Carvalho Ferraz*

62. **Adicções**
*Decio Gurfinkel*

63. **Incestualidade**
*Sonia Thorstensen*

64. **Saúde do Trabalhador**
*Carla Júlia Segre Faiman*

65. **Transferência e Contratransferência**
*Marion Minerbo*

66. **Idealcoolismo**
*Antonio Alves Xavier*
*Emir Tomazelli*

67. **Tortura**
*Maria Auxiliadora de Almeida*
*Cunha Arantes*

68. **Ecos da Clínica**
*Isabel Mainetti de Vilutis*

69. **Pós-Análise**
*Yeda Alcide Saigh*

70. **Clínica do Continente**
*Beatriz Chacur Mano*

COLEÇÃO CLÍNICA PSICANALÍTICA
*Dirigida por Flávio Carvalho Ferraz*

# PROBLEMÁTICAS DA IDENTIDADE SEXUAL

José Carlos Garcia

Casa do Psicólogo®
uma empresa PEARSON

**1ª Edição** *2001*

**2ª Edição** *2002*

**3ª Edição** *2005*

**4ª Edição** *2014*

**Editor** *Ingo Bernd Güntert*

**Gerente Editorial** *Fabio Alves Melo*

**Coordenadora Editorial** *Marcela Roncalli*

**Assistente Editorial** *Cíntia de Paula*

**Diagramação** *Julia Rizzi*

**Capa** *Yvoty Macambira*

**Dados Internacionais de Catalogação na Publicação (CIP)**
**Angélica Ilacqua CRB-8/7057**

Garcia, José Carlos
Problemáticas da Identidade sexual / José Carlos Gracia. - São Paulo : Casa do Psicólogo, 2013. - 4. ed. - (Coleção clínica psicanalítica / dirigida por Flávio Carvalho Ferraz).

Bibliografia
ISBN 978-85-8040-340-4

1. Desvios sexuais 2. Homossexualidade 3. Psicanálise 4. Transexualismo I. Título II. Série III. Ferraz, Flávio Carvalho

13-0642 CDD 155.32

**Índices para catálogo sistemático:**
1. Identidade sexual: Psicologia

**Impresso no Brasil**
*Printed in Brazil*

*As opiniões expressas neste livro, bem como seu conteúdo, são de responsabilidade de seus autores, não necessariamente correspondendo ao ponto de vista da editora.*



**Casapsi Livraria e Editora Ltda.**
Rua Simão Álvares, 1020
Pinheiros • CEP 05417-020
São Paulo/SP - Brasil
Tel. Fax: (11) 3034-3600
www.casadopsicologo.com.br

*Para Domitila e Larissa*

# Sumário

# Agradecimentos

A Flávio Carvalho Ferraz, pela fecunda relação de amizade, colaboração e confiança que temos tido o privilégio de compartilhar.

A Claudia, pela insistente presença amorosa, pela delicadeza de seu carinho nos momentos difíceis e por ser fonte de inspiração para minha vida.

Aos meus pais, pela inigualável capacidade de doação, por seu apoio incondicional e sua amorosa confiança.

A Maristela e Mariangela, pela cumplicidade de nossa vida fraterna.

Aos meus pacientes e alunos, com quem tenho tido o privilégio de viver as experiências que dão sentido à minha vida profissional.

Aos meus colegas e amigos do Instituto Sedes Sapientiae, pelo companheirismo, pelo incentivo e pelos ideais que nos têm mantido unidos.

A José Carlos Paviani Barbosa, por dividir comigo um ideal de vida e pelas inúmeras cenas de aconchego familiar.

# Prefácio

Escrever sobre a sexualidade e, particularmente, sobre as problemáticas que envolvem a identidade sexual não é tarefa das mais fáceis. Tal temática sempre esteve envolta em proibições, preconceitos e paixões de toda ordem, especialmente a moral e a religiosa. Acrescente-se a isso o imperativo daquilo que, hoje em dia, se convencionou chamar de "politicamente correto", e teremos uma via bastante estreita por onde caminhar: qualquer pequeno desequilíbrio, para um lado ou para outro, coloca-nos imediatamente em uma área sujeita a censuras.

Exemplo disso encontramos no tratamento que a "oficialidade psiquiátrica" — em uma expressão de José Carlos Garcia – dispensou à classificação da homossexualidade: com o surgimento de protestos, aliás justíssimos, contra a discriminação social em razão da preferência sexual, esta deixou de ser considerada uma doença pelo DSM e pela CID, que têm a última palavra sobre o que é e o que deixa de ser normal ou patológico. O próprio uso do termo *parafilia* no lugar de *perversão* resultou de um esforço no sentido da não estigmatização de qualquer cidadão em razão de seus hábitos sexuais. Portanto, é necessário lembrar sempre que o limite entre o patológico e o normal será, para toda a vida, arbitrário, fundamentado mais em nosso código moral do que em qualquer verdade extraída do conhecimento "científico" da sexualidade. Se admitíssemos tal realidade, já seria um grande passo. Poderíamos, assim, saber da verdadeira origem de nossos juízos, sem deixar de possuí-los. Mas, certamente, tenderíamos a ser um pouco mais tolerantes em relação às escolhas alheias que não nos obrigassem a mudar as nossas.

A psicanálise é, por excelência, a disciplina que permitiu tratar da sexualidade humana da forma mais isenta dos vieses e preconceitos que sempre a envolveram. Freud abriu um caminho sem volta ao mostrar que existe uma disposição bissexual em todo ser humano e que a formação da identidade sexual é o resultado de um complexo processo de desenvolvimento psicossexual absolutamente singular. A identidade sexual de cada ser humano é *construída* na história de suas relações objetais, não sendo, como se pensava antes de Freud, uma mera determinação biológica sujeita, em alguns casos, a falhas que produzissem aberrações.

Portanto, o discurso inaugurado por Freud deu ensejo ao surgimento de uma nova ética sexual, quando a estigmatização de qualquer sujeito em razão de sua sexualidade perdeu a razão de ser. Todavia, em se tratando de um tema tão profundamente ligado às nossas paixões e às nossas crenças morais mais estruturantes, não é possível imaginar um discurso "puro" e totalmente isento sobre as problemáticas da identidade sexual. Freud, em alguns momentos, mostra-se um crítico implacável da injustiça cultural a que os homossexuais estão sujeitos: no "caso Dora", texto de 1905, ele escreve, com a indignação semelhante à de um militante, sobre o erro que se comete quando se condena alguém por sua escolha sexual. Freud, inclusive, lembra que os gregos, muito mais evoluídos culturalmente do que nós, entregavam-se a práticas homoeróticas, e nem por isso eram doentes. Do mesmo modo, no artigo *Moral sexual "civilizada" e doença nervosa moderna*, de 1908, ele ataca a normatização excessiva da vida sexual, promovida pela cultura, defendendo aqueles que são discriminados por não caberem em limites tão estreitos; entre eles, estão os homossexuais. O mesmo Freud, no entanto, deixa escapar, aqui e ali, alguns pequenos juízos subliminares que conotam uma visão da homossexualidade como escolha sexual menor, infantil, perversa ou neurótica, resultante de um conflito edípico mal resolvido ou de uma misteriosa razão constitucional, quando a "quantidade" da disposição inata homossexual supera a heterossexual.

Mas o que aqui nos importa, entretanto, é o fato de que Freud erigiu uma visão totalmente original da sexualidade humana – e, portanto, da identidade sexual —, produzindo uma revolução sem precedentes na ciência da sexualidade e, por conseguinte, na ética sexual ocidental. E é nesse ponto que reside o mérito maior deste livro de José Carlos Garcia: o autor capta e transmite, com a máxima fidelidade, o espírito que preside o pensamento freudiano sobre a formação da identidade sexual e sobre a questão da escolha de objeto. Em resumo: a identidade sexual, qualquer que seja, é construída por meio de um processo eminentemente psíquico, não sendo determinada pelo gênero biológico, e o objeto sexual é contingente, isto é, não é dado pela natureza biológica, mas por uma segunda natureza, que é psíquica.

Os chamados "desvios" sexuais, vistos por essa óptica, deixam de ser formações patológicas para serem encarados como resultados de um processo histórico individual, tal qual as sexualidades consideradas não desviantes. Assim, não há uma heterossexualidade normal e natural e uma homossexualidade doente e desviante, mas ambas as resultantes são construções psíquicas produzidas em cada sujeito como decorrência da história de suas experiências objetais. Não se pode nem mesmo falar *da* heterossexualidade ou *da* homossexualidade, mas de identidades sexuais singulares de sujeitos singulares.

José Carlos Garcia, ao expor as problemáticas da identidade sexual, é fiel à perspectiva freudiana. Mais que isso: tratando com naturalidade e clareza de questão tão espinhosa, segue desenvolto pelos caminhos da clínica psicanalítica, não se furtando a tecer hipóteses sobre as causas da escolha homossexual do paciente que apresenta, e tampouco buscando, por princípio ou *a priori*, afirmar qualquer caráter patológico desta. O autor trata do sofrimento psíquico de seu paciente homossexual sem a ingenuidade de esgotar a causa de tal sofrimento em sua escolha sexual *stricto sensu*. Antes, ele a situa *também* a partir de uma causalidade secundária, que é o próprio sentimento de desajustamento e até mesmo de terror da rejeição que um homossexual pode experimentar em nossa cultura pela forma como ele é visto e tratado por ela. Mas o que importa em sua clínica, em última instância, é o fato de que ali estamos, antes de mais nada, diante de um sujeito que sofre e que nos pede ajuda.

Desse modo, sem abandonar a psicanálise e suas ferramentas em nenhum instante, José Carlos Garcia vai beber na fonte da história e da antropologia, com Michel Foucault e Jean-Philippe Catonné, para compreender – e nos ensinar – que a identidade sexual, bem como qualquer prática sexual, sofre as ingerências do momento histórico em que se situa: é mais aceita ou mais rejeitada, mais normal ou mais doente, mais pura ou pecaminosa, de acordo com a ideologia da sociedade que a rodeia. Afinal, como uma das manifestações mais fundamentais da espécie, ela inscreve-se, necessariamente, em uma história das mentalidades.

Por tudo isso, a leitura deste livro certamente proporcionará ao leitor uma retrospectiva concisa do que é central em Freud a respeito das *problemáticas da identidade sexual*, título sugestivo dado por quem prefere falar dessas questões sem nomeá-las necessariamente como *patologias*, mas também não teme *problematizá-las*. Tal é o caso do transexualismo, apresentado pelo autor, de forma pouco usual, a partir do "caso Schreber", texto em que Freud tangenciou essa problemática, ainda que nele seu interesse principal fosse a questão da psicose, particularmente da paranoia.

Prosseguindo no desenvolvimento da compreensão do transexualismo, formação pouco pesquisada nos domínios da psicanálise – se a compararmos com o número de trabalhos dedicados à homossexualidade ou, apenas como exemplo, à histeria –, José Carlos Garcia recorre a Robert Stoller, eminente psicanalista norte-americano e incansável investigador da sexualidade humana, contrapondo a suas ideias as críticas pertinentes que lhe foram feitas por Moustapha Safouan, autor alinhado a outra corrente teórica dentro da psicanálise. Esse diálogo enriquece sobremaneira o texto, deixando entrever o trabalho do autor deste livro na direção da apresentação de uma polêmica em que a contribuição de cada autor levantado só é valorizada, ainda que submetida a críticas.

Para os que se iniciam na discussão da identidade sexual por meio dos meandros da psicanálise, o presente livro será uma introdução impecável e um guia seguro em direção ao conhecimento da radicalidade do pensamento freudiano sobre a sexualidade humana. Os psicanalistas já habituados a transitar por esses caminhos encontrarão neste texto uma reflexão que passa a limpo os conceitos para renová-los criticamente, além de um trabalho clínico revigorador.

*Flávio Carvalho Ferraz*
*São Paulo, dezembro de 2000.*

# 1.

# Introdução

*Problemáticas da Identidade Sexual* é um trabalho que procura abordar alguns temas psicopatológicos buscando, em primeiro lugar, apresentar concisamente uma classificação nosográfica que reflita o contexto psiquiátrico atual, principalmente a partir das referências oferecidas pela Organização Mundial de Saúde por meio da CID-10 (*Classificação de Transtornos Mentais e de Comportamento*). Depois de alcançado esse primeiro objetivo, cada um dos temas — fundamentalmente o homossexualismo e o transexualismo — será tratado a partir da visão psicanalítica.

A intenção inicial deste livro é a de apresentar, em linhas gerais, as ideias psicanalíticas a respeito da sexualidade humana, suas implicações transformadoras desse campo do saber e suas contribuições para a clínica dessas formas específicas do sofrimento humano.

Para cumprir as metas propostas, procurei fazer um levantamento que fosse o mais abrangente e representativo possível das contribuições freudianas para os temas em questão. Evidentemente, todos reconhecem prontamente a importância e o significado dos trabalhos de Freud para a compreensão da sexualidade humana, principalmente no que diz respeito ao processo de subjetivação e à resultante identificação sexual. Para citar apenas um dos exemplos mais importantes, lembro, por exemplo, que o texto *Três ensaios sobre a teoria da sexualidade*, de 1905, nos apresentou ideias completamente inovadoras, como a *sexualidade infantil*, o conceito de *pulsão* e ainda as primeiras tentativas de Freud para produzir uma classificação nosográfica que contemplasse os aspectos diferenciais entre *neurose* e *perversão*.

Com relação ao tema da homossexualidade, vamos encontrar inúmeras referências a este ao longo de toda a obra freudiana, o que nos deixa, portanto, com abundante material a ser utilizado na discussão aqui proposta. Já com relação ao transexualismo, no entanto, tive de restringir-me a apenas um texto em que o tema foi abordado por Freud; trata-se de um artigo escrito em 1911 chamado *Notas psicanalíticas sobre um relato autobiográfico de um caso de paranóia (Dementia paranoide)*, que ficou conhecido como "caso Schreber". Mesmo assim, como todos sabem, nesse trabalho a intenção precípua de Freud não era o transexualismo, mas sim a paranoia.

Tendo realizado esse rastreamento nos trabalhos de Freud a fim de localizar o que de mais relevante foi dito por ele a respeito desses assuntos, lanço mão de alguns importantes autores que se dedicaram ao estudo do homossexualismo e do transexualismo e conseguiram ampliar o ponto de vista psicanalítico sobre estes.

Além de procurar apresentar, de forma concisa, algumas das principais ideias teóricas que esses psicanalistas foram capazes de produzir sobre esses temas, detenho-me, ainda que de forma breve, sobre alguns elementos clínicos com a intenção de ilustrar a discussão teórica. No que toca à homossexualidade, lancei mão de um caso clínico por mim analisado há alguns anos; mas, para a discussão do transexualismo, preferi utilizar o relato de Robert Stoller sobre três casos por ele analisados.

Finalmente, procurei explorar as fronteiras clínicas da homossexualidade e do transexualismo, além de incluir nessa discussão uma outra forma de problemática da identificação sexual, que é o transvestismo, mais precisamente o *transvestismo de duplo papel,* como é definido na CID-10, com o intuito de destacar seus aspectos diferenciais e seus pontos de aproximação.

# 2.

# SEXUALIDADE HUMANA: UM DESTINO

Para tratar desse tema, do ponto de vista psicanalítico, é muito importante que levemos em consideração que todo o trabalho de Freud foi erigido, principalmente, a partir do modo como suas pacientes histéricas revelavam, por meio de seu sofrimento, as facetas do que até então não pudera ser alcançado por nenhum outro autor interessado no estudo da sexualidade humana.

O grande mérito que pode ser atribuído a Freud e que o fez diferenciar-se dos demais pesquisadores foi, com toda certeza, o tipo de escuta que ele foi capaz de dedicar a essas pacientes, o interesse que teve por seu sofrimento e, principalmente, sua coragem de ousar desprender-se de alguns dos velhos cânones do conhecimento científico da época.

Foram muitas e significativas as mudanças que a psicanálise aportou à compreensão da sexualidade vigente até o final do século XIX. O trabalho freudiano que apresentou pela primeira vez uma visão sistemática da sexualidade do ponto de vista psicanalítico, em oposição às concepções até então produzidas, foi o texto de 1905 chamado *Três ensaios sobre a teoria da sexualidade*. Em todo caso, é preciso ter em mente, como salientei no início, que a exploração do tema da sexualidade por Freud já se iniciara bem antes disso. Lembremos, por exemplo, sua passagem pela França (1885/1886), onde esteve para estudar com Charcot e aprender sobre o método usado por ele para tratar suas pacientes histéricas. Podemos ter acesso a essas informações que foram tão significativas para o destino da psicanálise por meio do texto escrito por Freud (1896) quando de seu retorno dessa viagem de estudos, chamado *Relatório sobre meus estudos em Paris e Berlim*.

Retomando, todavia, o texto *Três ensaios sobre a teoria da sexualidade*, vamos encontrar nele os fundamentos da teoria das pulsões e toda sua implicação transformadora do que até então se tinha como dado. O conceito de *pulsão (Trieb)* contrapôs-se ao de *instinto* (*Instinkt*) e a todo o determinismo biológico aí contido.

Do ponto de vista de uma abordagem que tinha como referência o conceito de *instinto*, a sexualidade era concebida a partir do genótipo de cada indivíduo e seu destino de ser homem ou mulher estava por isso predeterminado. Qualquer desvio nesse percurso teria sua causa em alterações patológicas de duas ordens, ambas de caráter biológico. Em uma delas estaríamos diante de causas congênitas, inclusive hereditárias, e, na outra, de causas degenerativas de etiologia variada.

A partir dessa óptica, a homossexualidade, por exemplo, poderia ter sua causa ligada a um quadro de sífilis dos pais, à degeneração familiar por qualquer moléstia nervosa ou, ainda, ser vista como decorrência de uma afecção cerebral pós-natal. O que deduzimos a partir dessa maneira de compreender a sexualidade é que esta deveria alcançar a sua plenitude na fase adulta como consequência da codificação genética. E que isso aconteceria, invariavelmente, caso nenhuma intercorrência viesse a atrapalhar o caminho da maturação biológica.

Diante dessa cena, Freud apresentou à comunidade científica de Viena, na virada do século, algumas ideias muito pouco palatáveis. Para começar, destituiu o corolário da predeterminação biológica do instinto pela noção de que a identidade sexual é um destino a ser construído em uma relação de objeto. E, como se isso não bastasse, afirmou que a história dessa construção começa na infância quando a criança é colhida pela sexualidade dos pais e nela constituída.

Foram dois grandes golpes para o pensamento científico que dominava esse momento da história: primeiro, a afirmação da importância da sexualidade na etiologia das neuroses e, na esteira disso, o golpe de misericórdia no que havia de estabelecido e aceito, com a afirmação da sexualidade infantil. Tudo isso, é claro, atrelado a uma das mais radicais e transformadoras reformulações no entendimento do psiquismo. Freud retirou o homem do centro de sua arrogância e onipotência conscientes, para lançá-lo ao determinismo de seu desejo inconsciente e às inevitáveis implicações de ser um sujeito marcado pela cisão entre inconsciente e consciente.

O trabalho freudiano que sistematizou a primeira visão metapsicológica da psique humana, considerado por alguns como o primeiro e fundamental marco na construção do pensamento psicanalítico, foi *A interpretação de sonhos* (1900), com a ordenação do aparelho psíquico baseando-se nas noções de consciente, pré-consciente e inconsciente. Nesse trabalho, partindo da dinâmica dos sonhos, vão-se esboçando os aspectos dinâmico, topográfico e econômico que sustentam a noção de sujeito para a psicanálise.

***

Pretendo, agora, explorar algumas ideias sobre o modo como a psicanálise entende o processo por meio do qual o ser humano pode vir a realizar seu caminho até a identificação sexual. Farei um breve relato desse percurso desde as primitivas vivências autoeróticas até o estabelecimento das relações objetais que culminam com a experiência genital entre dois indivíduos adultos.

O estágio autoerótico vivido no início da vida do bebê seria marcado pela presença anárquica das pulsões parciais que buscam a satisfação por meio do alívio das tensões em cada uma das zonas erógenas. A boca, o ânus, a uretra ou a própria pele podem produzir o que Freud chamou de prazer de órgão (*Organlust*), que seria a satisfação, de modo independente, das tensões sexuais em cada uma dessas áreas. Nesse início da vida do bebê, não estaria configurado ainda um princípio organizador da atividade psíquica: só aos poucos é que essa organização se daria pela mediação do princípio de prazer.

A experiência da identificação primária da criança, com sua imagem especular impregnada pelo narcisismo materno, encaminharia um outro momento da sexualidade infantil. A emergência do eu, a partir dessa especularidade narcísica, vai definir um novo eixo de organização por meio do qual toda consecução de prazer será alcançada e vivida. O eu narcísico é o objeto em torno do qual as pulsões parciais passam a estar articuladas, sendo, então, predominantemente, regidas pelo princípio de prazer.

Na melhor das hipóteses, o eu narcísico em sua plenitude onipotente vai defrontar-se com os ditames da castração operada desde a palavra do pai como metáfora simbólica. A criança interditada em seus anseios edípicos incestuosos estará introjetando a essência da lei que organiza a cultura e, mediante essa operação, defrontar-se-á com a possibilidade da escolha exogâmica[1]. Essa saída será alcançada pela derivação de seus anseios sexuais originados no contato com seus objetos primários de amor, ou seja, seus pais, para outros objetos com eles assemelhados. Recalcado o desejo edípico, aceito o interdito do incesto, teremos então a assunção do sujeito desejante e de sua busca por relações objetais por meio das quais possa vir a alcançar sua cota de prazer.

Se detivermo-nos agora na questão que diz respeito à constituição do sujeito, precisaremos levar em consideração

---

[1] As noções aqui expostas podem encontrar ampliação e enriquecimento no trabalho de Freud (1913), *Totem e tabu*, texto muito importante para a compreensão do que ele gostava de identificar como *complexo paterno*.

alguns elementos que, embora ganhem definição na construção da identificação narcísica primária, na verdade estão presentes desde um momento bem anterior ao próprio nascimento do bebê. Essa história começa quando os pais desse futuro bebê resolvem ficar juntos, formar um novo casal. Ao iniciar essa relação, cada um deles traz consigo uma certa bagagem psíquica, fruto de suas vivências junto às famílias de origem. Nessa bagagem, cada um traz expectativas e sonhos acalentados a partir da trama de desejos inconscientes que lhes permite um lugar especial na família e marca seus destinos como seres desejantes.

A essa espécie de herança psicológica, que permite nossa inserção na comunidade familiar, Aulagnier (1963) chamou *mito familiar* e afirmou o seguinte:

> Todo sujeito vem ocupar um lugar no mito familiar: esse mito cuja importância nos é demonstrada, quando necessário, pelo lugar que ocupará na fantasia fundamental, designa-lhe, na tragicomédia de sua vida, um papel que determina de antemão as réplicas dos parceiros. (p. 12)

No encontro dos pais teremos, portanto, de antemão, a configuração de uma posição estrutural possível para o bebê que virá. No melhor dos casos, estaremos diante de pais que introjetaram o reconhecimento de seu limite narcísico e, a partir daí, puderam direcionar seu desejo um ao outro. É claro que estou falando do conceito psicanalítico de *castração* como forma de interdição ao desejo edípico incestuoso e, por conseguinte, da vivência de plenitude narcísica do ego ideal[2]. Freud (1914) fez uma detalhada exposição da constituição dessa vivência egoica de plena onipotência em seu trabalho sobre o narcisismo, sobre a qual eu gostaria agora de deter-me brevemente.

Penso que seria interessante começar esse assunto retomando a história do casal de pais sobre o qual eu, há pouco, conjecturava quando falava do mito familiar. Ao decidir levar adiante a ideia de ter um filho, os pais investem todo seu narcisismo na expectativa de gerar um bebê que possa realizar a soma de suas idealizações como casal. Pode parecer uma exigência monstruosa — e sem dúvida o é —, mas, como estamos supondo que este seja um casal adequado que pode suportar frustrações, as coisas deverão caminhar bem. E, de fato, é assim que a criança começa a ser dotada de recursos que abrirão as possibilidades para sua existência como um novo ser.

Como gosto de dizer, os pais preparam um berço narcísico para recepcionar seu bebê; aí ele encontrará uma extensa oferta de suprimentos: um nome, sonhos, lugares para ocupar, roupas, brinquedos e, mais importante, um consistente investimento libidinal para aquecê-lo humanamente. Quero assinalar, para que fique claro, que estarei atendo-me aqui a

[2] Lembro que, para Freud, o *ego ideal* corresponde ao ego em sua plena vivência de onipotência narcísica, vivência esta que só pode ser experimentada pelo bebê a partir da sustentação a ele oferecida pelo narcisismo dos próprios pais que o encaram como sua criação perfeita.

uma exposição geral do vínculo dos pais com o bebê, sem me preocupar em tecer, neste momento, considerações sobre as possíveis variantes patológicas desse relacionamento.

Quando estamos, portanto, diante de um casal que possa enquadrar-se dentro das mínimas condições de equilíbrio supostas pela introjeção da castração e sua expressão mor, a interdição do incesto, podemos estar certos de que a criança terá nascido para cumprir sua sina de tornar-se, como disse Freud, "Sua Majestade o Bebê". No texto de 1914 ele afirmou:

> A criança concretizará os sonhos dourados que os pais jamais realizaram — o menino se tornará um grande homem e um herói em lugar do pai, e a menina se casará com um príncipe como compensação para sua mãe. No ponto mais sensível do sistema narcisista, a imortalidade do ego, tão oprimida pela realidade, a segurança é alcançada por meio do refúgio na criança. O amor dos pais, tão comovedor e no fundo tão infantil, nada mais é do que o narcisismo dos pais renascido, o qual, transformado em amor objetal, inequivocamente revela sua natureza anterior. (p. 108)

É claro que se tornar heroi ou casar-se com um príncipe são apenas alguns dos possíveis recortes imaginários com que se adornam os desejos dos pais. O que de fato está em jogo é o anseio pela recuperação de suas vivências infantis de plenitude narcísica enquanto ego ideal. Mas, se a castração simbólica efetivamente impôs sua marca aos pais, eles rapidamente começarão a fazer exigências para que o bebê cresça e se engaje na cultura.

Logo após o nascimento do bebê, observamos que entre ele e sua mãe se estabelece uma relação fusional que se constitui no que Winnicott (1952) chamou de *organização meio ambiente-indivíduo*. Nesse início de vida, cabe à mãe (ambiente) prover recursos para que o bebê possa ter uma experiência de continuidade vital, já que o nascimento o expôs à perda das condições privilegiadas da vida intra-uterina para lançá-lo à premência das necessidades vitais.

Além das necessidades físicas, a mãe estará patrocinando também o mundo mental do bebê, emprestando-lhe sua potência para que ele possa viver sua experiência de ilusão onipotente diante do que, em verdade, corresponde ao mais completo desamparo diante da vida.

No trabalho *A interpretação de sonhos* (1900), Freud esboçou sua teoria do desejo a partir da experiência alucinatória do bebê quando diante da premência da necessidade, no caso específico, a fome. Diz ele que, depois de ter experimentado ser saciado ao seio, o bebê disporá de uma inscrição psíquica na forma de um traço mnêmico, que circunscreverá o que ele chamou de *vivência de satisfação*. Quando for novamente exposto às exigências da necessidade, o bebê reinvestirá esse traço mnêmico em busca de uma identidade perceptiva que lhe propiciará uma satisfação alucinatória desse apelo orgânico. É claro, todavia, que esse recurso estaria fadado ao fracasso total não fosse a presença da mãe apresentando de fato o seio à criança.

Neste ponto quero lembrar Winnicott (1952), para ampliar um pouco essas ideias e retomar a concepção da organização meio ambiente-indivíduo. Diz ele:

> O potencial criativo do indivíduo que se origina da necessidade produz prontidão para uma alucinação. Seu amor e sua profunda identificação com o bebê, a ponto de fazê-la fornecer algo mais ou menos no lugar certo e na hora certa. Isto, repetido diversas vezes, dá início à habilidade do bebê de usar a ilusão, sem a qual não é possível nenhum contato entre a psique e o meio ambiente. (p. 381)

A afinação amorosa dessa dupla levará a criança a desembocar em uma experiência ímpar. Amparada pela intensa libidinização recebida, ela estará preparada para um encontro consigo mesma em um processo identificatório a partir do qual poderá projetar-se na imagem especular que lhe oferece o olhar materno.

Como já disse, o narcisismo dos pais envolve a criança em uma aura de perfeição e é com essa imagem de si que ela vai identificar-se: uma identificação primária organizada a partir da visão de si mesma como um ego ideal. É muito importante que possamos tecer algumas considerações sobre esse ego ideal para entendermos o destino da sexualidade humana do ponto de vista da psicanálise.

Lacan (1958), em seu seminário *As formações do inconsciente*, contribuiu de forma significativa para a ampliação do conceito freudiano do *complexo de Édipo*. Ele entendia que o complexo de Édipo passava por diferentes momentos de organização (os três tempos do Édipo) e que, na melhor das perspectivas, levaria o sujeito a experimentar a triangularidade tal como foi descrita por Freud (1924) em seu texto *A dissolução do complexo de Édipo*. Nesse modelo clássico, ele descreveu os diferentes posicionamentos do sujeito quanto às suas possibilidades identificatórias e seu modelo de escolha objetal.

Para Lacan, o primeiro tempo do Édipo seria marcado pelo que até aqui estive descrevendo como o momento de fusão narcísica da mãe com o seu bebê. Diante da violenta incidência do desejo materno sobre o bebê, visando com isso alcançar a restituição de sua própria completude narcísica, restaria ao bebê identificar-se com esse objeto restituidor da plenitude fálica, ou seja, identificar-se, portanto, com o objeto fálico. O bebê é o falo, "Sua Majestade o Bebê"!

Nessas condições, estamos lidando com um momento no caminho da constituição sexual do sujeito, que ainda não configurou nenhuma possível diferenciação entre os sexos; estaríamos, portanto, aquém da partilha dos sexos. Outra característica desse momento é que ele se circunscreve na relação mãe-bebê: o pai, como figura real, pode estar presente, como também pode não estar. O que Lacan sugere é que o pai não está conotado ainda para a criança como aquele que tem poder de interditar a relação fusional mãe-bebê.

Para que isso possa dar-se, é necessário que o discurso materno reserve um lugar de destaque ao pai como aquele a quem se dirige o desejo da mãe. É nessa condição de intromissão mediatizada pelo desejo materno que o pai fará sua aparição e colocará em questão a identificação fálica da criança. Se há um outro ao qual a mãe dirige seu desejo, esse outro, então, é suposto ser o falo. Nesse ponto, já estaríamos nos referindo ao ingresso no segundo tempo do Édipo, no qual Lacan afirmou esboçar-se a atribuição fálica paterna. Essa atribuição fálica do pai efetiva-se de forma semelhante ou, antes, equivalente à posição que a criança ocupa diante do desejo materno; quer dizer, o pai também é suposto ser o falo.

Se lembrarmos Freud (1925), em seu texto *Algumas conseqüências psíquicas da distinção anatômica entre os sexos*, veremos que para ele é a percepção das diferenças sexuais que propicia a atribuição fálica ao pai, à medida que a criança constata a ausência do pênis na mãe.

A chegada do pai, mediatizando o desejo materno, destitui a mãe de sua gerência absoluta sobre o destino da criança, ao mesmo tempo que aparece para a criança como interditor do desejo da mãe. É nesse ponto que a criança viverá uma experiência muito importante que vai conduzi-la a uma mudança em sua relação com o falo. Da vivência identificatória que lhe fazia supor ser o falo, vai encontrar a partir do direcionamento ao pai e a sua palavra, justamente pela constatação de que a mãe é castrada, o caminho para a identificação com esse pai que é suposto *ter* o que a mãe precisa e deseja, o falo.

É nesse movimento identificatório com o pai, e o que este representa enquanto ideal do eu, que o menino, já no terceiro tempo do Édipo, encontrará o recurso simbólico para sua saída rumo à masculinidade. Da mesma forma que, por semelhante caminho, o da castração simbólica, a menina poderá definir sua feminilidade pela possibilidade de se reconhecer objeto do desejo do homem.

Para concluir esta concisa exposição, enfatizo que é somente a partir do efeito estruturante da castração simbólica que poderemos falar de *feminino* e *masculino* em relação ao destino sexual do ser humano, e será também nesta perspectiva que vou abordar as temáticas do homossexualismo e do transexualismo neste trabalho.

# 3.

# HOMOSSEXUALIDADE

## *Homossexualismo: os caminhos da oficialidade psiquiátrica*

O século XIX trouxe consigo a definitiva incorporação da homossexualidade à nosografia psiquiátrica. Nessa época, a homossexualidade era entendida e acolhida pelo conhecimento médico como um desvio da normalidade, que poderia, de maneira mais simplificada, resumir-se à atração sexual orientada para pessoas do mesmo sexo. E, como sabemos, em consequência desse modo de compreender a homossexualidade, não tem sido pequeno o tributo social pago pelas pessoas consideradas como desviantes da norma pelo "conhecimento científico".

Até bem pouco tempo atrás, o homossexualismo ainda figurava entre as condições patológicas reconhecidas e classificadas pela Organização Mundial de Saúde (OMS), fazendo parte do grupo que circunscreve as *Desordens Neuróticas, Desordens de Personalidade e Outras Não Psicóticas*.

A homossexualidade estava classificada entre os *Desvios e Transtornos Sexuais*, em que figurava com o código de doença 302.0.

Encontrávamos a seguinte definição sobre *desvio* na CID-9 (OMS, 1975):

> [...] a atividade sexual dirigida primariamente para pessoas do mesmo sexo ou que se processa por meio de atos sexuais não associados normalmente ao coito, ou coito realizado sob circunstâncias anormais. (p. 198)[1]

Outra importante referência mundial para a classificação das doenças mentais é a da Associação Psiquiátrica Americana (APA). Essa entidade elabora o *Manual de Diagnóstico e Estatística dos Distúrbios Mentais*, o DSM, atualmente em sua quarta edição.

Até a terceira edição desse manual, a homossexualidade constava entre os *Distúrbios Sexuais*, inserida na categoria *Outros Transtornos Psicossexuais*, em que aparecia como *Homossexualidade Egodistônica*.

Entre o DSM-III e o DSM-IV, apareceu uma edição revisada, o DSM-III-R, na qual já não constava mais o termo *homossexualidade* entre os *Distúrbios Sexuais*.

No DSM-IV (APA, 1995), vamos encontrar a classificação dos *Distúrbios de Identidade de Gênero*, entre os quais

[1] *Apud* Abdo (1997), p. 35.

estariam contempladas situações clínicas envolvendo persistente e marcado sofrimento relativo à orientação sexual.

Seguindo essa tendência de retirada do termo *homossexualidade* das classificações nosográficas, a Organização Mundial de Saúde, em 1993, com a décima edição da Classificação Internacional de Doenças (CID-10), fez constar em sua classificação o item *Transtornos Psicológicos e de Comportamento Associados ao Desenvolvimento e Orientação Sexual* (F66). Dentro dele há um sub-item definido como *Orientação Sexual Egodistônica* (F66.1).

Nessa perspectiva, a escolha homossexual de objeto só se constituiria como patologia à medida que determinasse sofrimento e desconforto pessoal ao indivíduo.

## A homossexualidade como destino identificatório

Para tratar dessa questão, acho importante começar salientando que não há nada de simples na tarefa de desvendar os mistérios da subjetividade humana, ainda que muito tenha sido feito, nesse sentido, por Freud e por todos os psicanalistas que o seguiram. E não poderia haver exemplo mais candente disso do que o estudo da sexualidade, especialmente das condições que, como o homossexualismo, sempre ocuparam lugar de destaque entre os tópicos de maior contundência, principalmente a partir do século XIX, quando o tema foi definitivamente incorporado pelo saber médico.

Freud (1905) debruçou-se sobre esse assunto, de forma mais aprofundada, em seu texto *Três ensaios sobre a teoria da sexualidade*. Nesse trabalho, ele definiu alguns critérios que norteariam o seu percurso teórico; postula, por exemplo, a noção de *objeto sexual* como sendo aquele que é capaz de exercer atração sexual e mediante o concurso do qual a tensão sexual pode ser descarregada.

Para compreender melhor o alcance dessa formulação, temos de recorrer a uma das afirmações mais relevantes concernentes ao *objeto sexual*, ou seja, aquela que diz respeito à sua *desnaturalização*. Uma das maneiras a partir da qual poderíamos nos guiar para explicar essa ideia seria a de recuperar o que Freud apontou nos *Três ensaios* como sendo a noção geral a respeito da sexualidade e de seu desenvolvimento reinante no início do século XX:

> A opinião popular tem idéias muito precisas a respeito da natureza e das características deste instinto sexual. A concepção geral é que ele está ausente na infância, que se manifesta na maturidade e se revela nas manifestações de uma atração irresistível exercida por um sexo sobre o outro; quanto ao seu objetivo, presume-se que seja a união sexual, ou pelo menos, atos que conduzam nesta direção. (p. 135)

A partir dessa perspectiva, que Freud definiu como popular, mas que também correspondia à visão científica da época, estaria suposto um objeto natural da sexualidade e, portanto, a condição filogenética definiria o vetor de normalidade sexual e todas as possibilidades de desvio dessa norma. Quando afirmo que esse ponto de vista era, em linhas gerais, partilhado pela ciência da época, é porque a concepção de instinto sexual admitia exatamente esse determinismo biológico segundo o qual, ao chegar à maturidade, o ser humano experimentaria uma atração irresistível pelo sexo oposto, exceção feita unicamente aos casos de profundos transtornos orgânicos.

Com relação à homossexualidade, do ponto de vista freudiano, haveria um desvio relativo à escolha do objeto sexual; entretanto, a compreensão dessa escolha particular de objeto está sustentada em bases teóricas bastante diferentes daquelas contidas na visão geral — anteriormente explicitada — sobre a sexualidade e suas manifestações.

Freud definia os homossexuais como *invertidos quanto à escolha de objeto* e classificava-os em três grupos distintos: *invertidos absolutos*, *invertidos anfigênicos* e *invertidos ocasionais*. Essa classificação foi organizada levando-se em consideração as características de exclusividade na escolha objetal, estabilidade da escolha e o momento de aparecimento desta[2].

Talvez o aspecto mais interessante e transtornador do saber até então estabelecido, promovido por essa classificação, pudesse ser descrito como tendo sido um abrandamento na rigidez das fronteiras, muito bem demarcadas na época,

[2] Para maior detalhamento e aprofundamento dessa classificação, remeto o leitor ao texto de Freud (1905), *Três ensaios sobre a teoria da sexualidade*.

entre o *normal* e o *patológico*. Aliás, eu diria que esta sempre foi a tônica do trabalho de Freud: tornar mais porosa a muralha defensiva erguida para separar normal e anormal. Suas conclusões apontavam sempre para o fato de que, afinal, essa condição não refletia duas matérias distintas — dois mundos apenas tangenciáveis —, mas, ao contrário, que essa diferenciação se fazia, na maior parte das situações, a partir do aspecto quantitativo.

Quando Freud reúne as várias formas de inversão — absoluta, anfigênica e ocasional —, acentua com isso o fato de que a sexualidade está sob o poder imperativo da busca do prazer e, portanto, de forma alguma restrita aos limites biológicos da procriação. A identidade sexual para a psicanálise é, nesse sentido, uma construção que se dá a partir do percurso erótico na relação com o outro — normalmente o pai e a mãe ou, quando da ausência destes, as pessoas que cuidaram da criança durante a infância — e não como a realização de um desígnio biológico. Nessa perspectiva, quando Freud fala a respeito do grupo de homossexuais ocasionais, está entrando em um terreno em que fica particularmente evidente a superação do biológico pela força dos apelos eróticos.

Embora seja verdade que essa classificação e as diferenças aí estabelecidas tenham sua significação — principalmente histórica —, gostaria de destacar o eixo comum que as organiza, qual seja, justamente a constituição da escolha de objeto em sua vertente homossexual. O eixo de que falo está sustentado, teoricamente, na concepção freudiana da *bissexualidade*, que, ao contrário do que afirmava a biologia quando encarava a sexualidade como resultante da conformação anatômica do indivíduo, vai apontar para a importância dos acontecimentos históricos como determinantes do tipo de escolha objetal que cada um fará.

A bissexualidade seria, nesse caso, a disposição originária a partir da qual cada pessoa se defrontaria, potencialmente, com os recursos que lhe permitiriam trilhar o caminho para a definição de sua identificação sexual. Tratar-se-ia, portanto, de uma hipótese freudiana para explicar a possibilidade que todo ser humano teria de construir uma identificação feminina ou masculina, independentemente de sua condição genotípica.

No texto *Análise de uma fobia em um menino de cinco anos*, conhecido como o "caso do Pequeno Hans", Freud (1909) faz a seguinte afirmação:

> Não há absolutamente qualquer justificativa para distinguir um instinto homossexual especial. O que constitui um homossexual é uma particularidade não na sua vida instintual, mas na sua escolha de um objeto. (p. 117)

O ser humano nasceria com o que poderíamos chamar de prontidão para a sexualidade, mas o objeto desta não estaria dado *a priori*; antes, teria de ser encontrado a partir de uma história pessoal marcada por vicissitudes muito especiais e particulares. Sobre isso Freud faz um interessante comentário em forma de nota de rodapé acrescentada em 1915 ao texto dos *Três ensaios*:

> A pesquisa psicanalítica se opõe com o máximo de decisão que se destaquem os homossexuais, colocando-os em grupo à parte do resto da humanidade, como possuidores de características especiais. Estudando as excitações sexuais, além das que se manifestam abertamente, descobriu que todos os seres humanos são capazes de fazer uma escolha de objeto homossexual e que na realidade o fizeram em seu inconsciente. (p. 146)

Todo ser humano, por conseguinte, tem de lidar, ao longo de seu desenvolvimento rumo à escolha de objeto, com ambas as vertentes eróticas, heterossexual e homossexual. Na obra de Freud vamos encontrar, principalmente depois de 1920, alguns trabalhos que procuram discutir os aspectos essenciais da estruturação do sujeito a partir das vivências ligadas ao *complexo de Édipo*[3].

O que se pode encontrar de fundamental nesses textos é a ideia de que toda criança terá como objetos privilegiados na infância a mãe e o pai ou seus substitutos, com quem aprenderá a linguagem do amor. Será, portanto, nessa relação que ela vai processar recursos para construir sua identidade

[3] Cito aqui alguns desses trabalhos como roteiro de leitura para o aprofundamento do tema: *Organização genital infantil* (1923); *O ego e o id* (1923); *A dissolução do complexo de Édipo* (1924); *Sexualidade feminina* (1931); e *Novas conferências introdutórias sobre psicanálise* (1933).

sexual, e o resultado desse processo dependerá, em maior ou menor grau, das intensidades de investimento libidinal que estiverem presentes nos movimentos identificatórios. Para Freud (1924),

> O complexo de Édipo ofereceu à criança duas possibilidades de satisfação, uma ativa e outra passiva. Ela poderia colocar-se no lugar de seu pai, à maneira masculina, e ter relações com a mãe, como tinha o pai, caso em que cedo teria sentido o último como um estorvo, ou poderia querer assumir o lugar da mãe e ser amado pelo pai, caso em que a mãe se tornaria supérflua. (p. 220)

Na sequência desse texto, podemos encontrar ainda algumas afirmações essenciais para a compreensão do complexo de Édipo. Para Freud, toda condição de subjetivação e, portanto, da constituição da identidade sexual está articulada à castração. Seria exatamente o reconhecimento desta que poria fim à intensa vinculação edípica da criança com os pais.

Destacando o exemplo do menino[4], teríamos uma situação em que tanto a posição masculina quanto a feminina resultariam na confrontação com o perigo da castração. Freud ressaltou no presente texto que o contato com a castração

---

[4] No capítulo 3 de *O ego e o id*, Freud (1923) descreve o modelo completo do complexo de Édipo, levando em consideração os aspectos positivos e negativos contidos no vínculo da criança com cada um dos genitores.

> [...] punha fim às duas maneiras possíveis de obter satisfação do complexo de Édipo, de vez que ambas acarretavam a perda de seu pênis – a masculina como punição e a feminina como pré-condição. (p. 221)

Penso que seria interessante, a título de ilustração, abrir um pequeno parêntese para comentar que Freud, embora só viesse a desenvolver teoricamente o complexo de Édipo completo em 1923 (*O ego e o id*), já havia tratado do assunto em uma carta a Fliess datada de 1º de agosto de 1899. Nela ele fazia o seguinte comentário: "*Mas a bissexualidade! É claro que você tem razão quanto a ela. E estou-me acostumando a encarar todo ato sexual como um processo em que há quatro indivíduos envolvidos*" (p. 365).

A situação da menina, no entanto, precisa ser observada a partir de uma outra óptica, já que, obviamente, ela não é passível de sofrer a ameaça de castração tal qual o menino, que experimenta a vivência de um poderoso investimento narcísico em seu pênis. Para ela, a ameaça é de outra ordem. A menina teria seus temores voltados para a possibilidade de perder a condição de ser amada; portanto, tratar-se-ia de uma ameaça de perda de amor. Segundo Freud (1924), a castração seria para a menina um fato consumado. No entanto, afirmou ele:

> A renúncia ao pênis não é tolerada pela menina sem alguma tentativa de compensação. Ela desliza — ao longo da

> linha de uma equação simbólica, poder-se-ia dizer — do pênis para um bebê. Seu complexo de Édipo culmina em um desejo, mantido por muito tempo, de receber um bebê como presente — dar-lhe um filho (ao pai). (p. 223)

Acredito que poderia ser bastante interessante fazer, neste momento, um breve resumo das ideias de Freud (1925) a respeito do complexo de Édipo. Para tanto, usarei algumas importantes referências obtidas a partir de seu texto *Algumas conseqüências psíquicas da distinção anatômica entre os sexos*.

A percepção da diferença anatômica entre os sexos funcionaria como um divisor de águas na história da constituição da identidade sexual. Para o menino, ela colocaria em questão a onipotência de sua escolha edípica à medida que esta o exporia ao risco de perder seu pênis — objeto privilegiado de seu investimento narcísico. Restar-lhe-ia, então, aceitar os limites impostos pela castração e identificar-se com o pai como saída para a sua posição masculina. Ao mesmo tempo, teria de aceitar o interdito de sua escolha incestuosa e abrir mão da mãe como objeto sexual.

Já no caso da menina, a distinção anatômica entre os sexos a confrontaria com a inferioridade das proporções clitoridianas em comparação com o órgão sexual masculino. Essa experiência traduzir-se-ia, segundo Freud, na inveja do pênis que, por sua vez, seria impulsionadora do percurso da menina em direção ao amor do pai. Antes desse momento a menina estaria, na verdade, vivendo sua sexualidade de modo fálico a partir da masturbação clitoridiana, cuja interrupção Freud assim compreendeu:

> Não posso explicar a oposição que por esse modo é levantada pelas meninas à masturbação fálica, exceto supondo existir algum fator concorrente que faça a menina voltar-se violentamente contra essa atividade prazerosa. Esse fator está bem à mão. Não pode ser outra coisa senão seu sentimento narcísico de humilhação ligado à inveja do pênis, o lembrete de que, afinal de contas, esse é um ponto no qual ela não pode competir com os meninos, e que assim seria melhor para ela abandonar a idéia de fazê-lo. Seu reconhecimento da distinção anatômica entre os sexos força-a a afastar-se da masculinidade e da masturbação masculina, para novas linhas que conduzem ao desenvolvimento da feminilidade" (p. 317-318)

O caminho para a feminilidade seria alcançado, todavia, mediante a renúncia da menina ao desejo de ter um pênis, fazendo uma transposição simbólica para a aspiração de ter um filho do pai[5].

Ele afirmava que a menina somente acederia ao Édipo positivo depois de ter podido ultrapassar um período inicial

[5] Com relação a isso, encontraremos alguns subsídios complementares em dois trabalhos posteriores de Freud: *Sexualidade feminina* (1931) e *Feminilidade* (1933), incluído nas *Novas conferências introdutórias sobre psicanálise*.

de intensa ligação à mãe, o que se constituiria, portanto, em uma vinculação marcada pelo complexo de Édipo negativo.

Considero ser bastante importante destacar que, do ponto de vista freudiano, tal como tenho exposto aqui, a sexualidade feminina teria de, necessariamente, ser considerada como secundária a uma suposta posição masculina originária. Em outras palavras, todo ser humano encontraria sua primeira condição identificatória diante do masculino (fálico). Quanto à condição feminina, ela seria vista, então, como o fracasso das tentativas da menina de ter um pênis e realizar-se como um menino. Concordemos que não se trata de uma forma muito dignificante de entender a condição feminina, mas foi esta a visão do feminino que nos legou Freud.

Podemos concluir, a partir do que foi dito, que a resolução do complexo de Édipo na menina se daria, por conseguinte, por linhas bem diferentes daquelas que envolveriam a situação do menino. Quanto ao desejo de ter um filho do pai, Freud dizia que este estava fadado a progressivamente ir perdendo sua força diante da persistente frustração a que era submetido pela realidade. Dele restaria, no melhor dos casos, apenas o traço inconsciente que, mais tarde, possibilitaria que a menina viesse a ser capaz de investir amorosamente um substituto paterno com quem reviveria seu desejo simbolicamente articulado à equação pênis-bebê.

Gostaria, neste momento, de retomar um certo eixo de continuidade histórica no estudo do tema da homossexualidade na obra de Freud. Em seu texto *Leonardo da Vinci e uma lembrança de sua infância*, Freud (1910) lançou as bases para a compreensão dinâmica de um tipo de escolha homossexual no menino. Insistia, todavia, que não tinha a pretensão de poder abarcar com esse modelo todos os casos de homossexualidade.

Nesse trabalho, ele afirmava que a ligação intensa de Leonardo a sua mãe, em seus primeiros anos de vida, mais a absoluta ausência da figura paterna — já que Leonardo era filho ilegítimo de um nobre e uma camponesa, tendo vivido sob os cuidados exclusivos desta pelo menos até a idade de cinco anos — produziram uma escolha de objeto muito específica. Resumidamente, o apego excessivo de Leonardo à sua mãe fez dele prisioneiro de seus carinhos e o deixou cativo de sua devotada atenção. Ao mesmo tempo, a falta de interdição paterna a essa relação de exclusividade com a mãe favoreceu imensamente a persistência dessa escolha edípica de objeto.

O tributo pago pela intensidade e exclusividade do afeto recebido nessa relação com a mãe permite-nos, segundo Freud, compreender a dinâmica envolvida em uma escolha de objeto homossexual, ideia que ele nos apresentou da seguinte maneira:

> Depois desse estágio preliminar, estabelece-se uma transformação cujo mecanismo conhecemos mas cujas forças determinantes não compreendemos. O amor da criança por sua mãe não pode mais continuar a se desenvolver conscientemente — ele sucumbe à repressão. O menino reprime seu amor pela mãe; coloca-se em seu lugar,

> identifica-se com ela, e toma a si próprio como modelo a que devem assemelhar-se os novos objetos de seu amor. (p. 92)

A identificação homossexual seria, por conseguinte, decorrente da manutenção da fidelidade ao amor materno por um lado — transformado em identificação — e, por outro, da escolha de objetos que reproduziriam narcisicamente a ele próprio. Dessa forma, ele poderia amar objetos nos quais pudesse reencontrar a si mesmo para amá-los como sua mãe o amara. Insisto em assinalar que Freud se preocupou em deixar claro que via nesse mecanismo apenas recursos suficientes para explicar alguns casos de homossexualismo, jamais considerando que com ele se pudesse dar conta de toda explicação necessária para tão complexa matéria.

Para ressaltar a importância do texto sobre Leonardo da Vinci, Costa (1995) assinala que, apesar de toda transformação que a psicanálise havia proposto, até então, ao pensamento científico do início do século XX, foi somente com a noção de *identificação narcísica* que, de fato, Freud se afastou definitivamente do pensamento da psiquiatria e da psicologia filosófica do século XIX.

Ainda segundo Costa (1995), até o trabalho sobre Leonardo

> [...] Freud imaginava o conflito psíquico (no caso da homossexualidade) como um choque entre moções

> pulsionais e um ego que representava o princípio de realidade. Este ego parecia encarnar uma Razão que, inconsciente ou conscientemente, conhecia quais os objetivos do princípio de conservação e quais as metas culturais que estavam assinaladas à sexualidade. Deste modo, sem mais explicações, o Ego do invertido 'sabia' que era 'errado' ser invertido, mesmo quando a moção homossexual era 'inconsciente'! (p. 214)

Vale, por isso mesmo, enfatizar que esse texto teve o mérito de inaugurar uma efetiva e mais ampla distinção entre as formas anteriores de se compreender a homossexualidade e o que viria a firmar-se como a concepção psicanalítica dos destinos da subjetivação.

Um aspecto fundamental referente a essa nova forma de abordar a questão da homossexualidade, promovido a partir da compreensão trazida pela psicanálise, teve como consequência a retirada da homossexualidade de sua imobilidade nosográfica do campo das patologias consideradas como perversão. Isso se deu à medida que o trabalho de Freud definiu a homossexualidade como um modo de subjetivação, na maior parte das vezes tão elaborado e estável quanto o modelo heterossexual de escolha de objeto.

Seguindo esse raciocínio, o comportamento homossexual poderia estar presente em qualquer forma de organização psíquica — perversa, neurótica ou psicótica — sendo marcado pelas características específicas da organização em questão.

No texto *Notas psicanalíticas sobre um relato autobiográfico de um caso de paranóia (Dementia paranoide)*, por exemplo, Freud (1911) novamente tocou no tema, dessa vez relacionando-o à psicose de Schreber, para tentar estabelecer as relações dinâmicas entre paranoia e homossexualidade, relações estas que fugiriam ao propósito mais direto deste trabalho e que, portanto, não tenho a intenção de explorar aqui.

Pretendo, todavia, deixar muito claramente assinalado que no caso da psicose a questão da homossexualidade está revestida de características muito distintas, já que o que está em jogo é a própria impossibilidade diante da sexuação. Ou seja, o psicótico está aquém da condição de simbolizar a castração e reconhecer-se como ser incompleto. Sendo assim, encontra-se impedido de identificar-se — a partir do limite dado pelas diferenças anatômicas entre os sexos — como homem ou como mulher.

Chegando ao ponto crucial desse breve comentário sobre a psicose, defrontamo-nos com um estado-limite diante do qual a homossexualidade não pode ser colocada, de forma alguma, como um encaminhamento erótico da subjetividade, mas sim como impasse ao ingresso às vivências edípicas que lhe permitiriam tal encaminhamento.

Com relação à homossexualidade feminina, a atenção de Freud só foi mais diretamente despertada a partir do atendimento de uma jovem, cujo caso ele trouxe a público, em 1920, mediante a publicação do texto *A psicogênese de um caso de homossexualismo numa mulher*.

No início desse trabalho, ele fez questão de comentar que tinha havido até então, de forma geral, uma certa negligência com o estudo da homossexualidade feminina, incluindo-se aí o próprio desinteresse da pesquisa psicanalítica. Curiosamente, como assinalou em nota introdutória o editor inglês das obras completas de Freud, James Strachey, além da importância do tema em si, esse texto significou uma retomada das questões ligadas à sexualidade feminina, as quais, de certa maneira, permaneciam sem grandes desenvolvimentos desde os casos clínicos de histeria.

Ao tratar do caso de sua jovem paciente homossexual, Freud fez uma proposição para a compreensão da situação dinâmica que a teria levado à construção de sua identidade sexual que, em linhas gerais, acompanhava o mesmo raciocínio que ele sustentava com relação à homos sexualidade masculina. Assinalava ali a crucial importância do relacionamento com os pais como determinante do destino identificatório da paciente.

Assim Freud (1920a) definiu sua compreensão a respeito de como sua paciente teria lidado com seu processo identificatório:

> [...] no exato período em que a jovem experimentava a revivescência de seu complexo de Édipo infantil, na puberdade, sofreu seu grande desapontamento. Tornou-se profundamente cônscia do desejo de possuir um filho, um filho homem; seu desejo de ter o filho de seu pai e uma

> imagem dele, na consciência ela não podia conhecer. Que sucedeu depois? Não foi ela quem teve o filho, mas sua rival inconscientemente odiada, a mãe. Furiosamente ressentida e amargurada, afastou-se completamente do pai e dos homens. Passado este primeiro revés, abjurou de sua feminilidade e procurou outro objetivo para sua libido. (p. 196)

Depreende-se claramente, a partir do que venho expondo até aqui, que a visão freudiana do feminino, como já destaquei, esteve sempre carregada de uma certa negatividade. Não é difícil constatar que o feminino para Freud é, de fato, uma decorrência do masculino e nem mesmo se poderia dizer que se trata de uma feliz decorrência!

## *Um breve olhar sobre a clínica*

Há alguns anos, fui procurado por um jovem chamado Pedro, que me ligou pedindo uma consulta, pois estava sentindo-se muito angustiado e queria conversar sobre isso. Curiosamente, quando tentei saber um pouco mais sobre ele, deparei-me com sua grande dificuldade para esclarecer-me a respeito do que se tratava. Marcamos uma entrevista para o dia seguinte, mas só depois de uma longa conversa a respeito das impossibilidades de horário que ele teria se conseguisse o emprego que estava pleiteando.

Depois de desligar o telefone, fiquei pensando um pouco a respeito do contato que tivéramos. A primeira impressão que tive foi a de que Pedro era homossexual, talvez por toda reserva com que me falou sobre os motivos de sua angústia quando tentei saber o que estava acontecendo com ele. Também me chamava a atenção seu jeito de pedir ajuda e, ao mesmo tempo, criar uma série de dificuldades com relação ao horário, quase impossibilitando nosso trabalho por preocupações com limitações de tempo que, de fato, ele nem sequer tinha naquele momento.

Pedro era um rapaz alto e de boa aparência; além disso, causou-me surpresa descobrir que ele era mais velho do que supus quando conversamos pelo telefone. Tinha 31 anos e formara-se em medicina havia já quase cinco anos. Contou-me que era filho único e que seus pais viviam em uma cidade do interior. Ele viera para São Paulo, onde vivia sozinho, havia alguns meses, para tentar desenvolver-se profissionalmente e conseguir maior independência pessoal.

Mostrou-se muito nervoso durante nossa primeira entrevista e seu desconforto era tão notável que fazia com que eu também ficasse, de alguma forma, pouco à vontade. Perguntei-lhe o motivo pelo qual me havia procurado e, depois de alguns momentos de silêncio, ele contou-me que era homossexual. Era impressionante o peso com o qual pronunciava essa palavra: parecia estar confessando ser o autor de um crime hediondo.

Continuei olhando para Pedro, esperando que ele pudesse ir adiante em seu relato, mas, de alguma maneira, seu interesse parecia restrito a observar-me, como que para avaliar minha reação ao que acabara de contar. Quando percebi isso, sugeri que ele me falasse mais a respeito de si e de sua vida, para que eu pudesse entender melhor o que se estava passando.

Contou-me que sua homossexualidade era um assunto que, até então, ele dividira apenas com dois amigos, também homossexuais. Seus pais nada sabiam, nem os demais familiares, o que lhe custava muito esforço, já que tinha de produzir uma aparência que fosse capaz de iludir a todos.

Pedro disse-me que, durante o curso de medicina e também no tempo de residência, havia passado por várias situações muito angustiantes por causa de seu receio de que todos viessem a descobrir a verdade sobre ele. Durante o segundo ano da faculdade conheceu uma moça por quem ficou interessado. Conversavam muito, tinham algumas afinidades e faziam parte do mesmo grupo de trabalho na classe.

Passado algum tempo começaram a namorar e, finalmente, resolveram que deveriam morar juntos; porém, de fato, nunca tiveram atração sexual um pelo outro. Fizeram algumas tentativas, no começo do relacionamento, para manter uma vida sexual — todas infelizes, segundo ele, pois não sentia nada compensador —, mas, depois, acabaram acomodando-se à relação de amizade que era o que realmente lhes interessava.

A forma como ele foi descrevendo-me esse relacionamento deixava a forte impressão de que ambos não sabiam o que fazer de sua sexualidade e que, nesse sentido, o arranjo que fizeram favorecia aos dois à medida que os tranquilizava, aplacando o foco de suas tensões, desde as que provinham dos familiares até as de seus colegas e amigos. Esse relacionamento durou algo em torno de dois anos e, depois de seu rompimento, Pedro não voltou mais a se envolver com outra mulher.

Até onde sua memória consegue alcançar, seu interesse sexual sempre se voltou para os homens, o que lhe provocava verdadeiro terror de ser descoberto. No vestiário da escola, nas aulas de educação física, vivia amedrontado de que surpreendessem seu olhar e vissem nele revelado todo seu interesse pela anatomia masculina. Isso o obrigava a estar sempre vigilante e buscando desviar o olhar para o chão ou qualquer outro objetivo neutro.

Nesse sentido, eu podia perceber que um drama da mesma ordem também o afligia ali no contato comigo. Queria olhar-me para acompanhar minhas reações, mas, ao mesmo tempo, mostrava-se muito assustado quando se dava conta de que eu também o estava observando. Era impressionante ouvi-lo e perceber a loucura que dominava sua existência; uma perseguição infindável; um tormento pessoal sem tréguas.

O resultado disso era uma vida empobrecida pela restrição de sua liberdade pessoal e pela ausência de envolvimento íntimo que pudesse nutri-lo afetivamente. Pedro vivia em uma condição paranoide que abrangia desde seus relacionamentos familiares até suas relações profissionais.

Apesar de ser uma pessoa inteligente, não havia podido desenvolver-se a contento em sua profissão porque, constantemente, era preterido ou perdia oportunidades por sentir-se tolhido por suas preocupações com o fato de ser homossexual. Não conseguia, por exemplo, participar de nenhum grupo masculino. Sentia-se alijado entre os residentes, pois não conseguia participar das conversas nos momentos de descontração que versavam, constantemente, sobre mulheres e futebol. Além do mais, sentia receio de estar com eles, pois um dos residentes mais velho o atraía muito. Qualquer piada ou brincadeira sobre homossexuais deixavam-no sem controle, pois não sabia como se comportar, o que o fazia sentir-se muito mal e deslocado.

Ao término de nossa primeira entrevista, percebi que ele estava muito aflito e agitado, como se esperasse de mim um veredito. Disse-lhe que sua preocupação com o fato de ser homossexual me parecia muito importante por todo o sofrimento que isso lhe vinha causando, mas que, todavia, eu pensava que a questão mais importante não era o fato de ele ser homossexual, mas sim as terríveis dificuldades que ele encontrava para conseguir ser Pedro. Esse comentário o deixou bastante desconcertado, porém, ao mesmo tempo, parecia estar menos perseguido e mais tranquilo.

Na entrevista seguinte ele estava um pouco mais à vontade, embora fosse se tornando cada vez mais patente a dificuldade que tinha para falar sobre si mesmo. Revelou-me, então, que nos últimos tempos vinha dando mais vazão a seus anseios sexuais. Fazia isso saindo com seu carro para ir até os pontos característicos da cidade onde, habitualmente, se encontram os homossexuais que estão dispostos a fazer programas. Nesses lugares ele fazia abordagens aos homens e acabava saindo com eles sem nenhum outro critério além da atração física.

Depois que começou a ter esses contatos de maneira mais frequente, desenvolveu uma outra forma de persecutoriedade: a preocupação com a AIDS. O que estou chamando aqui de persecutoriedade tem a ver com a preocupação infundada, já que sua satisfação sexual era obtida apenas por meio da masturbação e da troca de carícias, pelo menos naquela época.

O aspecto mais curioso dessa situação era que Pedro, apesar de ser médico, comportava-se como se jamais tivesse tido informações científicas sobre as possíveis formas de contágio. Minha compreensão sobre isso era de que, na verdade, tratava-se de uma forma de fantasia de contágio autopunitiva: algo como uma expiação de pecados.

Um dia Pedro resolveu que ia aceitar o convite de um amigo — um dos dois que tinha — para irem juntos a um clube noturno frequentado apenas por homossexuais. Nesse dia, ele conheceu um rapaz que lhe pareceu muito interessante e que o abordou de forma bem natural, embora ele mesmo estivesse bem pouco à vontade na situação.

Imediatamente começaram a trocar carícias e resolveram ir para um canto mais reservado do clube, em busca de mais privacidade. Pedro também me contou, pouco depois, que é sempre assim que ocorrem esses encontros: surge o interesse, as pessoas aproximam-se e, quase imediatamente, partem para o contato físico.

No final da noite foram juntos para o apartamento do rapaz e lá mantiveram uma relação sexual com penetração, na qual meu paciente foi passivo. O estado de ânimo dele era o pior possível. Sentia-se culpado e, ao mesmo tempo, estava aterrorizado pela preocupação com a AIDS, pois o parceiro não usara preservativo. Enquanto não fez o exame para constatar se havia ou não sido contaminado pelo vírus HIV, e até a chegada do resultado, Pedro viveu um verdadeiro inferno, atormentado por preocupações quanto a seu destino.

O peso da situação transferencial era bastante grande, pois, exceção feita aos seus dois amigos, era comigo que ele dividia toda sua aflição. Quando finalmente sua tensão foi abrandada com a chegada do resultado negativo de seus exames, pude dizer-lhe que me parecia que, apesar de ele se declarar muito aflito e preocupado, a impressão que me causava era a de que estava atentando contra a própria vida.

Pedro ficou muito impactado e perguntou-me se achava que ele estava ficando louco. Disse-lhe então que achava um bom sinal sua demonstração de preocupação quanto à sua sanidade. Falei também que ele parecia muito distante de poder desfrutar de sua sexualidade de forma prazerosa e que a impressão que tinha era de que ele a usava para buscar aliviar-se da angústia que sentia, mas que, de repente, se comportava como se estivesse atentando contra si mesmo.

Foi a primeira vez que vi Pedro chorar. Parecia frágil, desamparado e extremamente solitário, mas, curiosamente, nunca o havia visto revelar-se tão homem. Em momentos como esse eu tinha a nítida impressão de que Pedro podia, afinal, fazer contato com suas questões mais fundamentais. Parecia que ele vislumbrara o estado de irrealidade que o circundava e o vazio afetivo que decorria desse isolamento.

Seu relacionamento com o rapaz do clube manteve-se por algum tempo, mas Pedro era incapaz de relaxar, de cuidar de si sem precisar criar um estado de tensão insuportável, o que acabou contribuindo para o fim desse relacionamento.

Comigo a situação não era muito diferente. Pedro sentia-se ameaçado por meus silêncios, por mais breves que fossem, apesar de meu empenho em manter-me atento à sua tendência de fazer leituras paranoides dos fatos.

Como comentei há pouco, Pedro havia se formado em medicina, mas não conseguia obter sucesso ao tentar levar adiante sua carreira. A situação que vivia naquele momento era bastante precária, pois estava fazendo um estágio de aprimoramento em uma universidade e trabalhava em uma clínica na periferia da cidade, como contratado, três manhãs por semana, recebendo por isso um pagamento que mal lhe propiciava recursos para saldar umas poucas despesas pessoais.

Pouco antes de procurar terapia, havia perdido uma boa oportunidade em uma clínica conceituada em sua especialidade por não conseguir se sentir à vontade com os colegas e, com isso, acabar gerando um clima desagradável em torno dele, o que o levou a ser preterido para a vaga à qual concorria.

Alguns meses depois, a situação financeira de Pedro estava ainda mais complicada e, por isso, ele não conseguia mais pagar o valor das sessões. Conversamos a esse respeito e eu lhe disse que me dispunha a reduzir o valor dos honorários para que ele não precisasse interromper sua análise e que, assim que pudesse, voltaria a pagar o preço anteriormente combinado. Foi assim durante algum tempo, mas ele não conseguia tolerar que eu fizesse aquilo por ele. Discutimos a respeito de sua fantasia de estar se sentindo submetido diante da concessão que eu lhe fazia.

Pedro contou-me então que a relação com seu pai era dominada pelo submetimento financeiro e que nunca tinha havido troca de carinho entre eles. Era o pai quem propiciava sua permanência em São Paulo, já que seus ganhos não lhe permitiriam isso.

O tratamento prolongou-se por mais algumas sessões, quando Pedro me disse que interromperia a análise por estar muito difícil para ele aceitar aquela condição e que, por isso, preferia "dar um tempo" até conseguir equacionar sua situação financeira, quando, então, poderia retornar. Tentei, em vão, propor-lhe a manutenção do tratamento, pois ele já havia tomado sua decisão.

Durante sua análise, ele contou-me que seu primeiro contato homossexual havia ocorrido quando contava pouco mais de 10 anos, e que fora com um amigo da vizinhança um pouco mais velho que ele. Disse ter sido uma experiência agradável e que só depois foi que se viu às voltas com uma terrível sensação de culpa e com temor de que alguém viesse a saber do ocorrido.

Pedro cresceu solitário, pois vivia evitando o grupo de amigos e conhecidos durante a adolescência com medo de ser descoberto. O que estaria por trás da escolha homossexual que havia feito? Em momento algum ele pareceu questionar-se quanto a ser ou não essa sua forma de obter prazer. Sua experiência heterossexual com a amiga de faculdade, apesar de ter tido aspectos positivos, nunca trouxera recompensa em forma de prazer sexual.

O grande drama pessoal de meu paciente era encenado como um conflito de identidade sexual, mas, na verdade, escondia por trás disso uma intensa fragilidade quanto a suas possibilidades de realizar-se como ser humano.

A relação de Pedro com seus pais revelava alguns aspectos interessantes que, talvez, possam ajudar-nos a refletir sobre o seu caso. Como já disse, seu pai é um homem duro que dedicou sua vida a acumular recursos financeiros, mas nunca foi próximo do filho; jamais foram capazes de partilhar intimidade. Durante a infância de Pedro, seu pai ausentava-se de casa com muita frequência por causa de sua atividade profissional. Com a mãe, ele diz ter tido um relacionamento muito intenso e de muita cumplicidade.

Com as prolongadas e constantes ausências do marido, era com Pedro que ela estabelecia uma relação que lhe permitia estreitar laços de terna afeição e, ao mesmo tempo, fazê-lo confidente ao contar-lhe suas frustrações e expressar seus queixumes.

A impressão que eu tinha era a de que essa intensa ligação com a mãe o tinha marcado profundamente e que os acontecimentos que atravessaram sua história eram prova disso. Havia algo, por exemplo, da ordem da crença em uma promessa idílica que ele reclamava com a fúria de quem se sente lesado e, por outro lado, a presença de um terrível sentimento de persecutoriedade, revelador, talvez, de sua necessidade de buscar alívio para a culpa experimentada diante do afloramento de seus desejos edípicos.

A mulher era tida por ele como sedutora e invasiva, o que fazia com que Pedro se sentisse ameaçado diante de seus apelos sensuais e o levava a querer evitá-las a todo custo. A única mulher de quem conseguira aproximar-se revelou-se muito mais como alguém que conseguia arrefecer-lhe a solidão do que estimulá-lo com propósitos eróticos.

Pedro era um rapaz de boa aparência que, por isso, acabava chamando a atenção das mulheres nos locais que frequentava, o que o obrigava a verdadeiros malabarismos para escapar de seu assédio. Vivia, por exemplo, atormentado por uma vizinha que a todo momento encontrava motivos para bater à sua porta a fim de tentar uma aproximação. Isso nos permite perceber o cerceamento vivido por ele e as situações torturantes nas quais se via envolvido.

Por outro lado, os homens eram completamente afastados de sua intimidade, servindo unicamente para saciar-lhe os desejos eróticos. De fato, Pedro nunca privara do convívio com os homens nem havia podido experimentar com eles relações de camaradagem. Encontrava-os na brevidade do tempo erótico, que rapidamente se dissipava, e, a seguir, voltava a isolar-se em seu refúgio na solidão.

Estar comigo, nesse sentido, trazia para ele uma experiência composta por sentimentos intensos e contraditórios. Era a primeira vez que ele apresentava sua intimidade diante de um homem. Ao mesmo tempo, a erotização do vínculo o expunha aos tormentos de sua vivência paranoide. Pedro parecia buscar, com desespero, poder escapar da circularidade viciosa desse circuito. Como conceber entregar-se a uma relação homossexual sem sentir que isso ameaçava seu eu com uma terrível angústia de aniquilamento?

Nos poucos meses de duração que teve seu tratamento, era visível para mim sua enorme dificuldade de se vincular e sua fragilidade diante do outro. Porém, o outro lado dessa situação alcançava-me por meio de uma experiência transferencial matizada por uma extrema violência. Pedro estabelecia um torturante controle sobre o que eu lhe dizia, sobre meu tom de voz e, inclusive, meus movimentos na poltrona — que, às vezes, interpretava como impaciência e outras como desinteresse.

Talvez um dos aspectos mais interessantes desse caso seja que ele nos permite observar uma situação clínica na qual uma queixa ligada à homossexualidade encobre elementos muito mais desestruturados da vida mental do paciente e que são, de fato, os maiores responsáveis por seu sofrimento. Pedro parecia-me aprisionado em um mundo interno que se traduzia pela total impossibilidade de completar seu movimento de subjetivação rumo à identidade sexual, fosse ela masculina ou feminina. Ele vivia perplexo diante de um mistério que ameaçava sua sanidade e que, com certeza, tolhia de maneira notável suas possibilidades de realização pessoal.

O que estou querendo salientar é que, obviamente, ele poderia ter feito uma escolha homossexual de objeto e nem por isso revelar uma condição tão precária em sua vida emocional. Poderia, ao contrário, ser capaz de estabelecer relacionamentos mais sadios que lhe propiciassem a realização de seus anseios pessoais e de suas potencialidades. Mas como ser homem diante de uma mãe que o convidava a uma proximidade perigosamente excludente da presença do pai como alguém capaz de conter a aprisionante sedução materna? E como ser mulher diante de um pai a cujo carinho não tinha acesso e que o alcançava apenas pela ausência ou pela voz marcada pelo poder de submetimento?

São questões de extrema importância que se colocam aqui no ensejo de estimular as discussões sobre este tema tão complexo e que, de forma alguma, pretendem alcances conclusivos.

## *Outras contribuições psicanalíticas à compreensão da homossexualidade*

Embora o termo *homossexualidade* continue a ser largamente usado — razão pela qual o mantive neste trabalho —, creio que seja interessante assinalar que, para alguns autores da atualidade, esse termo foi, ao longo do tempo, sendo cumulado de intensa negatividade, especialmente do ponto de vista moral, e mereceria, por isso mesmo, ser substituído por outro menos carregado de preconceitos.

E é nesse sentido que Costa (1992) vai resgatar um termo ferencziano que ele acredita ser mais adequado para a discussão deste tema nos dias atuais. Opta então pelo termo *homoerotismo*, para referir-se à escolha sexual de objetos do mesmo sexo e afirma o seguinte:

> O homoerotismo é uma questão de prática lingüística. Não existe objeto sexual 'instintivamente adequado ao desejo' ou vice-versa como reitera a psicanálise. Todo objeto de desejo é produto da linguagem que aponta para o que 'é digno de ser desejado' e para o que 'deve ser desprezado ou tido como indiferente; como incapaz de despertar a excitação erótica. (p. 28)

Penso que a questão aqui colocada tem o mérito de não somente buscar afastar o pejo da avaliação moral negativa, mas também de recuperar com muita clareza os pressupostos psicanalíticos segundo os quais não se pode continuar a considerar uma escolha homoerótica como reveladora de patologia em si mesma.

O que tenho procurado mostrar, ao longo deste trabalho, é que a condição patológica está sustentada na impossibilidade de amar, exatamente como acredito que acontecia com meu paciente Pedro. Tratar-se-ia de uma inviabilidade no encontro com o outro, principalmente no reconhecimento do outro como ser independente como sujeito desejante.

Pedro, que como procurei demonstrar, vivia essa real impossibilidade diante do outro, era obrigado, portanto, a experimentar intensas restrições em todas as formas de envolvimento humano seja no campo pessoal ou profissional. Tratava-se de uma condição patológica que, embora fosse marcada por uma aparente escolha homoerótica de objeto, trazia como substrato clínico uma importante fragilidade na possibilidade de construção de toda e qualquer forma de vinculação ao outro, vinculação esta marcada constantemente com um selo paranoide.

Espero ter deixado claro que estou seguindo o ponto de vista segundo o qual a identificação sexual é um processo cuja inserção original está plantada no terreno do desejo dos pais e que, a partir daí, o sujeito terá ou não suporte para a assunção de sua condição desejante.

Pedro, em minha opinião, estava impedido de ir adiante na consecução desse destino. Padecia seus sofrimentos pessoais à sombra de uma persecutoriedade ameaçadora e limitante. A escassez de prazer sexual e a intensa restrição das suas experiências de derivação sublimatória mostravam a aridez de seu mundo interno.

Insisti, durante o relato do caso, que de forma alguma, acreditava que os problemas de Pedro pudessem resolver-se na perspectiva da mera assunção da escolha homossexual ou heterossexual. Antes, acredito que ele precisaria trilhar um longo caminho em direção a si mesmo e dar conta de construir uma experiência pessoal menos conturbada e mais propiciadora de prazer.

À medida que pudesse vir a se tornar capaz disso, seria bem provável que conseguisse concluir sua construção identificatória em uma ou em outra direção sexual e então, quem sabe, poder pacificar sua alma há tanto atormentada.

Considero que não seja preciso dedicar mais que um breve comentário ao fato de que a homossexualidade sempre esteve presente na história da humanidade e que recebeu diversas formas de tratamento em cada cultura específica criada pelos homens.

Nesse longo percurso, vamos encontrar desde a harmônica aceitação social nas culturas grega e romana, passando pelas chamas purificadoras da inquisição, até alcançar as cercanias de nosso tempo.

Foucault (1972) afirmou:

> Em todo o movimento da cultura platônica, o amor havia sido dividido segundo uma hierarquia do sublime que o

> aparentava, segundo seu nível, seja a uma loucura cega do corpo, seja a uma grande embriaguez da alma na qual o Desatino é um poder do saber. Sob suas diferentes formas, amor e loucura distribuíam-se nas diversas regiões das gnoses. A era moderna, a partir do Classicismo, estabelece uma escolha diferente: o amor racional e o desatinado. A homossexualidade pertence ao segundo. E assim, aos poucos, ela toma lugar entre as estratificações da loucura. (p. 89)

Foi, portanto, na arguta visão desse autor, a era moderna — especialmente a partir do Classicismo — que lançou às trevas da patologia a escolha homossexual de objeto. Tal situação foi, cada vez mais, estabilizando-se nos quadros da nosografia psiquiátrica.

Nesse importante trabalho, Foucault (1972) acrescentaria ainda:

> Em todos os tempos, e provavelmente em todas as culturas, a sexualidade foi integrada num sistema de coações; mas é apenas no nosso, e em data relativamente recente, que ela foi dividida de modo tão rigoroso entre Razão e Desatino, e logo, por via de conseqüência e degradação, entre a saúde e a doença, o normal e o anormal. (p. 90)

Foi, sem dúvida, um longo caminho percorrido desde os primeiros trabalhos psicanalíticos por meio dos quais

Freud conseguiu ampliar de forma notável a concepção de sexualidade humana, até os dias atuais. Além da afirmação inconteste da sexualidade infantil e de sua disposição polimorfa perversa, apresentada a nós por meio dos *Três ensaios sobre a teoria da sexualidade*, Freud (1905) também insistia que a força propulsora do erotismo é que era determinante para o destino de nossas escolhas objetais e não nossa conformação anatômica.

O homem, desde esse ponto de vista, não buscaria a realização sexual pelo imperativo da procriação: visaria, isso sim, e principalmente, à consecução de uma experiência prazerosa. Se essas afirmações causaram impacto e estupefação no início do século XX, o passar do tempo só fez revelar, de forma contundente, a exatidão dos argumentos freudianos.

Catonné (1992), em seu livro *A sexualidade, ontem e hoje*, fez um breve, mas absolutamente interessante, apanhado do desenvolvimento sexual da humanidade até chegar às questões que circunscrevem o nosso momento atual[6]. Afirmou que a modernidade sexual tem algumas balizas claras e entre elas aponta algumas que teriam destaque. Seu primeiro destaque foi para os relatórios Kinsey (1948-1953), que formaram parte de um extenso trabalho de pesquisa realizado entre os americanos sobre a sexualidade humana, iniciado no imediato pós-guerra, e que apontava, em suas conclusões principais, o direito igualitário entre homem e mulher na obtenção do

[6] Nesse sentido, para um maior aprofundamento do tema, eu recomendaria, pela excelência, o trabalho de Michel Foucault (1972) sobre a *História da sexualidade* (em três volumes).

prazer. Além, é claro, de evidenciar e tornar público, por meio de uma publicação científica, que as práticas sexuais iam muito além da relação genital oficialmente propalada.

Outros dois marcos significativos na transformação da sexualidade, nos tempos atuais, foram, sem dúvida, o aparecimento da pílula anticoncepcional e o aprimoramento dos demais métodos contraceptivos.

Todas essas transformações abriram caminho para que a experiência sexual pudesse estar cada vez mais livre do fantasma de uma gravidez indesejada e, portanto, cada vez mais propiciadora do desfrute do prazer entre os parceiros.

Foi inevitável que todas essas transformações acarretassem também uma poderosa influência renovadora dos cânones científicos e levassem, paulatina, mas consistentemente, a uma maior aceitação para com o fato de que a sexualidade humana é muito mais variável e individualmente plástica do que outrora se admitia.

McDougall (1999) afirma:

> [...] as únicas predileções sexuais que eu qualificaria como perversas estão limitadas a certas formas de relacionamento ao outro — particularmente, atos sexuais que não levam em conta as necessidades ou desejos do parceiro, tais como abuso sexual infantil, estupro, exibicionismo e voyeurismo, ou necrofilia (freqüentemente precedida por assassinato do parceiro escolhido). Como vocês já devem ter percebido, estes atos sexuais são exatamente os mesmos que são considerados condenados pela lei do Ocidente. (p. 19)

Tenho tido a preocupação de deixar claro, neste livro, de como pode ser delicada a inclusão de determinados comportamentos sexuais no rol das patologias e, também, tenho demonstrado a preocupação de assinalar o risco que corremos de produzir categorizações por mero preconceito.

Seguindo essa mesma tendência de pensamento que levou à ampliação — se é que posso me exprimir assim — do campo da normalidade, ao retirar da homossexualidade seu qualificativo de desviante e perversa para reconhecer nela uma forma de sexuação humana entre outras, encontraremos em Stoller (1986) a seguinte opinião:

> As formas que a masculinidade e a feminilidade tomam em uma dada cultura variam de tempos em tempos (na atualidade, de ano para ano) e podem diferir de uma cultura para outra. Seria pouco prudente para um observador de fora da cultura (separado por gerações — mesmo séculos — ou pela distância) decidir o que é uma aberração, menos ainda se o observado é uma perversão. O que é aberrante entre culturas pode não ser aberrante dentro de uma cultura. Do mesmo modo, estilos de performance eróticas podem mudar de acordo com circunstâncias históricas e sociais, e não deveríamos julgar a perversão (ou a ausência dela) a partir de um olhar superficial[7]. (p. 49)

[7] Tradução do autor.

Acrescente-se a isso o fato mesmo de que a própria noção de normalidade com relação à sexualidade humana não é assim tão simples de ser definida como queriam os acadêmicos do final do século XIX e início do XX. O que a clínica psicanalítica faz revelar a todos que a ela se dediquem é que a intimidade sexual das pessoas se reveste de muitas idiossincrasias que em nada correspondem ao que se considerava nessa época o comportamento sexual normal de um casal saudável. A verdade, sustentada aliás pela opinião de vários autores importantes — entre eles Joyce McDougall —, é que a normalidade só teria como fronteira óbvia o respeito ao bem-estar do parceiro e ao seu livre arbítrio[8].

[8] Um aprofundamento dessa discussão pode ser encontrado no livro *Perversão*, de Flávio Carvalho Ferraz (2000), nesta mesma Coleção.

# 4.

# Transexualismo

## *Os caminhos da oficialidade psiquiátrica*

O transexualismo aparece na *Classificação de Transtornos Mentais e de Comportamento* da CID-10, publicação da Organização Mundial de Saúde (OMS), como parte dos *Transtornos de Identidade Sexual* com o código F64.0.

Para a Organização Mundial de Saúde (1993), o transexualismo é definido como sendo:

> [...] um desejo de viver e ser aceito como um membro do sexo oposto, usualmente acompanhado por uma sensação de desconforto ou impropriedade de seu próprio sexo anatômico e um desejo de se submeter a tratamento hormonal e cirurgia para tornar seu corpo tão congruente quanto possível com o sexo preferido. (p. 210)

A CID-10 adverte ainda, dentro das diretrizes diagnósticas, que o transexualismo só pode ser diagnosticado a partir da persistência mínima de dois anos em tal comportamento, chamando a atenção também para a necessidade de um diagnóstico diferencial com relação ao possível aparecimento desse tipo de comportamento em algumas graves patologias como, por exemplo, a esquizofrenia.

Já a Associação Psiquiátrica Americana (APA), em seu *Manual de Diagnóstico e Estatística dos Distúrbios Mentais* em sua quarta edição (DSM-IV, 1995), inclui o transexualismo entre os *Distúrbio Sexuais e de Identidade de Gênero* como sendo uma forma de desconforto persistente com relação ao próprio sexo (anatômico) e, ainda, sentimento de inadequação para com o papel social inerente ao sexo em questão.

## *O transexualismo na obra de Freud*

Trata-se aqui, na verdade, de uma busca pouco frutífera, já que a questão do transexualismo, como tal, não chegou a ser abordada por Freud. Penso até que não seria muito atrevimento dizer que a psicanálise, de forma geral, só mais recentemente se tem dedicado com mais insistência ao assunto. É importante destacar também que a procura de análise por parte dos transexuais é, de forma geral, bastante pequena, já que o indivíduo transexual localiza seu conflito apenas na incompatibilidade biológica de seu sexo com sua identidade de gênero, distorção que precisaria ser corrigida, na opinião do queixoso, mediante intervenção médica e não por procedimentos psicoterápicos.

Embora seja verdade que existem descrições de histórias de transexualismo conhecidas, pelo menos, desde o século XIX, foi somente depois da metade do século XX que o termo *transexual* passou a ser mais largamente empregado. E evidentemente as possibilidades cirúrgicas de reatribuição de sexo trouxeram o tema para o grande público dado o interesse que despertou na mídia como evento sensacionalista.

Voltando a Freud, todavia, se por um lado é verdade que ele não se deteve no estudo do transexualismo como situação clínica estabelecida, cabe, no entanto, fazer a importante ressalva de que esse tema esteve presente em um de seus mais importantes trabalhos. Refiro-me ao "caso Schreber", trabalho este que Freud (1911) realizou depois de ter lido o livro *Memórias de um doente dos nervos* publicado em 1903 pelo próprio Dr. Daniel Paul Schreber.

Nesse livro, Schreber relata suas experiências psicóticas com uma incrível riqueza de detalhes e de forma absolutamente fiel, o que permitiu a Freud desenvolver e aprimorar suas teorias a respeito da dinâmica da psicose, especialmente da paranoia[1].

O que interessa destacar aqui é que um dos aspectos mais importantes do delírio de Schreber é que ele ensejava a transformação deste em mulher. Em um primeiro momento, essa transformação assumia um caráter de natureza insuportável e mobilizava, por isso mesmo, toda a capacidade de resistência do paciente para não ser entregue de forma feminina

[1] Remeto o leitor ao livro *Paranóia*, de Renata Udler Cromberg, nesta mesma coleção.

às sevícias de seu perseguidor — trata-se aqui, como é bem sabido, de seu médico, o Dr. Flechsig.

No segundo momento de sua construção delirante, Schreber deixa-se apaziguar diante de seu destino de ser transformado em mulher; isso ocorre porque o paciente começa a crer que de fato esse processo de transformação tem uma finalidade maior, divina. Ele passa a acreditar que seu destino como mulher está amparado na *Ordem das Coisas* e que se refere a uma missão sagrada. Na condição de mulher, Schreber entregar-se-ia não mais às volúpias carnais de um humano, mas sim ao próprio Deus, cujo desígnio incluía a procriação de uma nova raça mediante a fecundação pelos *raios divinos*.

É exatamente nesse segundo momento do delírio que Schreber assume a plena condição de uma posição identificatória feminina. Seu corpo é percebido por ele como transformado em um corpo feminino que ele passa a adornar como tal. Outra importante característica foi que, exatamente neste ponto, ele já não experimentava nenhum conflito quanto a ser uma mulher; esta condição passou a ser completamente egossintônica.

Schreber delicia-se com a volúpia experimentada por seu corpo feminino, sente que seus seios crescem com a aproximação de Deus e tocá-los proporciona-lhe imenso prazer, bem como enfeitar-se com adornos femininos e ficar olhando-se no espelho.

Estamos tratando, nesse caso, de uma inquestionável condição psicótica, como descreveu Freud. Mas não creio que seja possível enquadrar sempre o transexualismo como uma situação psicótica. Em outras palavras, questiono que o transexualismo tenha a clínica da psicose como sua condição *sine qua non*.

Um dos aspectos diferenciais mais importantes entre as vivências psicóticas de Schreber e uma outra situação transexual não psicótica — ou, pelo menos, sem manifestações de sintomatologia psicótica tão evidentes quanto as de Schreber — é exatamente o fato de que Schreber sentia seu corpo ser transformado em um corpo feminino, enquanto o habitual no transexualismo é que o sujeito tenha uma profunda sensação de desconforto com seu próprio corpo, que ele sente psicologicamente como pertencente ao sexo oposto. Não é nada raro, inclusive, que transexuais masculinos percebam seu pênis como sendo um pedaço de carne abjeta do qual anseiam livrar-se.

## *Outras contribuições psicanalíticas ao estudo do transexualismo*

Gostaria de começar o desenvolvimento deste tópico trazendo à luz algumas contribuições surgidas da pesquisa psicanalítica sobre a sexualidade nos últimos anos e que propiciaram o surgimento de uma maior especificidade conceitual para a discussão dos temas aqui tratados.

Person & Ovesey, em seu trabalho *Teorias psicanalíticas da identidade de gênero*, afirmam que

> De maneira geral, definimos a identidade de gênero como composta de duas categorias: identidade de gênero nuclear e identidade da função de gênero. Neste contexto, identidade nuclear — a polaridade macho/fêmea — reflete uma auto-imagem biológica e pode ser definida como a autodesignação por um indivíduo da sua qualidade de fêmea ou macho. É o senso de pertencer biologicamente a um sexo ou outro; isto é, a convicção: 'Eu sou fêmea' ou 'Eu sou macho'. Em contraste, a identidade de função de gênero, a polaridade feminino/masculino, reflete uma auto-imagem psicológica e pode ser definida como a auto-avaliação do indivíduo da feminilidade ou masculinidade psicológicas. É a percepção da feminilidade ou masculinidade; isto é, a crença: 'Eu sou feminino' ou 'Eu sou masculino', comparativamente aos padrões sociais para o comportamento feminino ou masculino. (p. 124-125)

Será basicamente em torno dessa questão, que esses autores chamaram de *identidade de função de gênero,* que vamos encontrar os elementos para a compreensão da dinâmica do transexualismo.

Stoller (1968), por sua vez, também fez uma clara distinção entre as formas de identificação relacionadas a sexo e a gênero. Restringe a ideia de identificação sexual ao contexto biológico e reserva a identidade de gênero para a formação psicológica do sentido de masculino e feminino em cada um de nós.

Em sua abordagem ao problema do transexualismo no menino faz referência às manifestações bastante primitivas desse sentimento discrepante entre a condição anatômica e a vivência psíquica que o faz sentir-se uma menina. O menino, sem nenhuma dúvida, acredita ser uma menina, embora reconheça as características masculinas de seu corpo mesmo que tenha por elas sentimentos que possam percorrer todo um espectro de estranheza e rejeição.

Na maioria das vezes, seu comportamento nada tem de efeminado, como verificamos em alguns homossexuais. Seu comportamento é feminino, mas não caricato. Stoller destaca que

> [...] quando estão brincando, esses meninos agem como se fossem meninas; eles assumem apenas papéis femininos e são quase sempre imediatamente aceitos pelas meninas nas brincadeiras femininas, das quais outros meninos são excluídos. (p. 139)

O comportamento transexual atravessa a adolescência e persiste na vida adulta sem alterações junto com a manutenção do desejo de ter um corpo feminino, o que, ocasionalmente, pode chegar a uma cirurgia de mudança de sexo.

Ao abordar o transexualismo do ponto de vista etiológico, Stoller aponta para o caráter transgeracional que é inevitavelmente observado nos casos atendidos por ele e por sua equipe ao longo de muitos anos de trabalho. E, a partir de um de seus casos, ele exemplifica:

> Primeiro a mãe. Em sua própria infância, tinha pouco sentido de apreço para com sua condição de mulher e sua feminilidade. Sua própria mãe tratava-a como se ela fosse neutra (sexualmente); seu pai, mais admirado e encorajando-a para que se identificasse com seus próprios interesses masculinos. Entre a primeira infância e a puberdade, a garota foi incrementando muito suas qualidades masculinas a partir do desejo de ser um homem e por muitos anos vestiu apenas roupas de meninos, tendo seu cabelo cortado como o de um menino, brincando apenas com os meninos, competindo com eles como igual e obtendo sucesso, especialmente no desempenho físico[2]. (p. 141)

Stoller diz ainda que, para essa menina, a chegada da adolescência, com suas intensas alterações físicas, produzirá uma profunda transformação que fará revelar as formas femininas e destruirá todas as expectativas acalentadas por essa adolescente de vir a tornar-se um homem. Ela então vai conceder espaço para a assunção de sua condição de mulher, chegando, inclusive, ao casamento. Seu marido — o pai do transexual — possuiria algumas características marcantes: é passivo, distante e tende a ser uma figura apagada no casamento. Na

[2] Tradução do autor.

maior parte das vezes, coloca-se meramente como quem sustenta a família e entrega-se como servo dos desejos da mulher.

Este seria o típico casal capaz de gerar um transexual segundo Stoller. Ele afirma ainda que a ocorrência do transexualismo dependerá do nascimento de uma criança do sexo masculino que a mãe considere particularmente bonita e graciosa, e que será reconhecida por ela como a melhor coisa que lhe ocorreu na vida. Essa criança terá a incumbência de resgatá-la de toda frustração e da menos-valia quanto à sua identificação sexual.

Essa mãe vai-se apropriar da criança como obra sua, negando mesmo qualquer participação paterna em sua geração; ela a encara como sendo o falo perfeito — seu ideal narcísico. Segundo Stoller,

> O gozo é a energia que permite a ela — força-a — a manter-se excessivamente próxima corporal e psiquicamente da criança várias horas por dia e por anos a fio. Criando esta simbiose, ela prende — incorpora — seu filho em si mesma, tanto quanto isso seja fisicamente possível a alguém. Identificando-se com ele, ela tenta se desvencilhar de sua infância traumática e substituir sua mãe má; ela e a criança estão muito bem. O deleite criado pela simbiose traz ainda a aura de uma nova, idealizada e perfeita mãe para ela[3]. (p. 142)

[3] Tradução do autor.

Retomarei mais adiante algumas das questões que aparecem aqui envolvendo a dinâmica dos pais com relação ao filho, bem como a relação da mãe com sua própria mãe. Tratarei, então, um pouco mais da clínica do transexualismo a partir do que nos apresentou Stoller, além de procurar desenvolver alguns argumentos críticos que poderão enriquecer a abordagem do tema.

## *Aproximação da clínica do transexualismo*

Gostaria de enfocar aqui algumas questões relacionadas à clínica do transexualismo, utilizando, para tanto, a colaboração de um importante trabalho escrito sobre o tema por Safouan (1979), no qual ele faz exatamente uma abordagem crítica ao trabalho de Robert Stoller (1968) chamado *Sex and gender*. Nesse trabalho, Stoller relata a história clínica de três meninos entre 4 e 5 anos que foram diagnosticados como transexuais.

Considero extremamente relevante que o leitor não abra mão do acesso direto aos dois trabalhos por mim mencionados. Ambos, tanto o de Stoller quanto o de Safouan, têm méritos próprios inalienáveis que os tornam imprescindíveis a qualquer pesquisador do assunto.

Feita essa necessária ressalva, gostaria de esclarecer ainda que minha intenção é usar os dois trabalhos como forma de acesso à clínica do transexualismo e às possíveis formas de sua compreensão sob o ponto de vista psicanalítico.

Destacarei aqui as linhas gerais dessa clínica por meio do que poderíamos chamar de pontos de intersecção entre os três casos, tentando obter os limites mínimos daquilo que seria típico nos transexuais.

Nesse relato dos casos clínicos, Stoller apontou alguns aspectos que seriam característicos da dinâmica psicológica dos três meninos, e Safouan, por sua vez, também fez questão de enfatizá-los como tal. No meu entender, esses traços característicos e sua compreensão dinâmica, que serão discutidos na sequência, afastam de vez qualquer expectativa de que se pudesse justificar essa situação clínica, buscando apoio em mero substrato orgânico.

Esses pacientes não são portadores de nenhuma anomalia anatômica; são, claramente, indivíduos pertencentes ao sexo masculino do ponto de vista fenotípico e, decididamente, não apresentam nenhuma forma de alteração genética. Isso posto, passa a descrevê-los quanto a seus comportamentos transexuais: todos eles, desde muito cedo, deram mostras de uma clara identificação feminina, revelada de forma inequívoca pela adoção de vestuário feminino, bem como do comportamento correspondente à inserção social no círculo feminino.

Uma das características consideradas fundamentais, inclusive para o diagnóstico diferencial em relação a outras situações clínicas, como o transvestismo, por exemplo, é o caráter de estabilidade desse comportamento e a ausência de qualquer condição excitatória ligada ao vestir-se como mulher. Toda essa conduta sustenta-se porque, para esses meninos, de fato, eles são meninas.

Segundo Stoller (1968), esses meninos apresentam fantasias de que seu corpo se transformará em um corpo de mulher, que os seios aparecerão na puberdade e que, por outra via, se verão livres da nefasta presença do pênis. Esse horror por eles vivido da presença do pênis — sentida como uma aberração — não raro leva a comportamentos extremados que podem chegar, inclusive, a tentativas de automutilação na infância e que, mais tarde, se transformarão em um pedido de intervenção cirúrgica, as chamadas cirurgias de reatribuição de sexo (vaginoplastia ou faloplastia).

Outro aspecto importante que marcou a infância dessas crianças é a extrema adesividade de suas relações com a mãe. Trata-se, por mais ligeira que seja a observação, de uma relação *corpo a corpo* em que a pele ou o olhar mantém o perpétuo contato entre ambos. Esses meninos, como exemplifica Stoller, partilham, sem restrição de fronteira, a intimidade do corpo materno. Acompanham os movimentos da mãe ao trocar de roupa e, muitas vezes, observam até mesmo seus mais íntimos hábitos de higiene.

Essa licenciosidade promíscua entre mãe e filho é patrocinada pela ausência crônica da figura paterna e de seu potencial para a interdição da relação mãe-filho. É claro que tomo aqui não a figura real do pai como ser encarnado, mas, antes, o exercício da *função paterna*[4] como a nomeou Lacan.

[4] Segundo Lacan, a *função paterna* está relacionada ao complexo de Édipo e, mais especificamente, à condição simbólica do pai como aquele que tem o poder de interditar a relação incestuosa mãe-filho.

Trata-se, nesse caso, como sói acontecer, de uma relação complementar entre, por uma lado, a mãe que aprisiona seu filho nas malhas do próprio narcisismo, não permitindo a ele outra saída que não a de ser para ela, e, por outro, de um pai omisso e desertor de seu posto como representante da lei junto ao filho.

É bastante curioso notar — e a observação clínica feita por Stoller é abundante nessa referência — como os pais se omitem quanto à tomada de providências para procurar ajuda profissional para seus filhos. Usualmente, essas providências acabam sendo tomadas em momentos nos quais, por qualquer motivo, algum incômodo social se instalou a partir do comportamento da criança que fez com que outros adultos manifestassem perplexidade e preocupação pelo fato.

Segundo Stoller (1968), embora a manifestação do transexualismo seja detectável desde muito cedo — antes mesmo de a criança completar 1 ano em alguns casos —, a procura de ajuda profissional costuma ser adiada até o quarto ou quinto ano da criança.

A leitura feita por Safouan (1979) do texto de Stoller levou-o a destacar alguns pontos característicos das mães desses três garotos que, pela constância com que se repetem, podem ser considerados como sendo típicos nos casos de transexualismo. Afirma Safouan:

> O primeiro é uma maneira quase idêntica de exprimir sua bissexualidade: elas são femininas do mesmo modo

> masculinizado. Seus cabelos são curtos, mas não sem estilo. Muito pouca maquiagem. Uma preferência acentuada pelos stailleurs — parece-lhes inconcebível usar vestidos decotados, sedosos ou enfeitados com rendas, fitas etc. Todas as três possuem uma certa consciência de serem sexualmente neutras, neutralidade sobre a qual no entanto tentam erigir uma fachada feminina. E essa neutralidade está toda revestida de tonalidade depressiva, que constitui um componente corrente de sua vida. (p. 80)

Acrescente-se a isso que as três mães apresentam ainda, a um olhar mais atento, traços severamente depressivos, além de um certo descaso pela heterossexualidade referenciado, por exemplo, pela perda tardia da virgindade — fato que, para as três mães, ocorreu por volta dos 30 anos.

O trabalho crítico de Safouan fez ainda destacar do texto de Stoller um segundo conjunto de pontos em comum para essas três mães, começando por um profundo sentimento de vazio e incompletude. Ele manifestou-se dessa forma:

> Todas têm um certo brilho que não deixa de trair um desespero moderado. Elas tentam ocupar-se com atividades domésticas diversas que estimam necessárias, mas desprovidas de sentido. Cada uma tem o sentimento de não saber o que é, mas presume que não tem valor algum. (p. 81)

Com relação aos pais das três crianças transexuais, há também no relato de Stoller alguns importantes pontos comuns que definem sua personalidade. Talvez a característica mais significativa seja o fato de serem ausentes, tanto física quanto psicologicamente, na relação com os filhos.

Stoller descreveu-os como ausentes em um sentido muito específico: sua ausência é ativa e cúmplice quanto à participação no projeto de suas esposas para seus filhos. Sua real ausência, seja pelo afastamento físico do lar, que acaba impedindo o contato com seus filhos, ou por sua presença silenciosa e evasiva, empurra esses meninos na direção do aprisionante abraço materno.

Safouan (1979) comentou a relação desses pais com seus filhos da seguinte forma:

> Nas relações concretas que esses três meninos mantêm com seus pais, não há estritamente nada que seja de natureza a permitir-lhes integrar numa ordem simbólica a presença muda e quase fantasmática de seus pais. (p. 83)

Ao apontar para o aspecto fundamental do prejuízo simbólico que trará como consequência a impossibilidade de qualquer êxito no curso do movimento identificatório rumo à masculinidade, Safouan critica em Stoller sua tentativa de dar conta do transexualismo por via unicamente dos processos imaginários.

Safouan concorda com os apontamentos de Stoller no que diz respeito a uma certa integração, pelo menos formal, desses homens como pais e maridos, mas destaca a ineficácia simbólica na assunção de seus direitos com relação ao desejo materno e sua inevitável consequência, vivida como fracasso simbólico na questão da filiação. Para ele, estaria em pauta, nesses casos, a

> [...] surdez ao significante que, do lado das mães, condiciona a espécie de clausura ou de simbiose que elas tentam realizar com seus filhos. Assim é tirado destes últimos o apoio do significante mesmo, em torno do qual se deveria fazer para cada um a assunção de seu próprio sexo. (p. 83)

A problemática para a qual aponta Safouan remete, obviamente, à formulação lacaniana do complexo de Édipo em seus três tempos e ao efeito estruturante para o psiquismo da *Metáfora do Nome do Pai*. Apenas para permitir maior clareza da proposição lacaniana, retomarei aqui em breves contornos o que, para os propósitos atuais, me parece fundamental[5].

Como já assinalei em um momento anterior deste livro, no primeiro tempo do Édipo, Lacan destacou o estado de fusão entre a mãe e o bebê, uma vez que este último se encontra plenamente identificado ao falo como objeto idealizado e

[5] Para maior aprofundamento do tema, sugiro a leitura do livro de Joël Dor, *O pai e sua função em psicanálise* (1991)

obturador da falta na mãe. É nessa aderência da mãe a seu bebê-falo em sua busca de restituição da plenitude narcísica e, por outro lado, na identificação do bebê com esse falo que a função paterna precisará intervir.

Nesses momentos iniciais da relação mãe-bebê, a mãe tem um *status* de *coisa* (*das Ding* como formulou Freud), à medida que a total aderência narcísica impede o aparecimento de sua condição significante, não havendo, portanto, intermediação simbólica.

Será nesse contexto que a chegada do pai como intruso junto ao vínculo mãe-bebê marcará a passagem para o segundo tempo do Édipo. Nesse ponto, Lacan afirma que a aparição do pai se dará pelo mesmo viés da identificação fálica, ou seja, para a criança esse intruso só pode ser concebido como alguém que, ao destituir-lhe da posição fálica, assume, ele próprio, a condição de ser o falo.

Da posição de falo rival o pai passa a ter direito sobre a mãe, interditando o que, até então, era uma relação fusional entre a mãe e o seu filho. É nesse sentido que, do ponto de vista de Lacan, ocorre a atribuição fálica paterna.

Outro aspecto essencial desse estágio do relacionamento edípico é que, embora o aparecimento do pai se dê no registro de ser o falo, ainda assim este terá como efeito estruturante o aparecimento de um terceiro que rompe a simbiose mãe-bebê.

O passo seguinte será dado, no melhor dos casos, a partir da percepção de que o desejo materno se dirige a esse outro de quem, afinal, o desejo dela depende. Como marca estruturante desse novo movimento, restará o fato de que o desejo de cada um está sempre submetido à lei do desejo do outro, como afirmou Lacan.

Estamos aqui no limiar do terceiro tempo do Édipo, que apresenta, de maneira inequívoca, o efeito estruturante do recalque primário que permitirá à criança libertar-se das poderosas intensidades da relação primária com a mãe para alcançar a triangulação com essa outra figura interventora, o pai, a quem a mãe, por sua vez, dirige seu desejo. Em sua formulação discursiva, a mãe enunciará ao filho, por meio da direção de seu desejo, a palavra do pai. Mostrar-se-á dependente desse outro e, portanto, submetida às interdições da castração no seu aspecto fundamental, ou seja, à proibição do incesto.

A esse efeito da função paterna, com seu poder de interdito e a consequente metaforização que dará ensejo à possibilidade de simbolização pelo deslizamento significante acionado pelo moto contínuo do desejo, Lacan chamou de *Metáfora do Nome do Pai*.

Para ilustrar melhor o sentido desse processo, Lacan recorre a Freud (1920b) e ao jogo infantil por ele descrito, o *fort-da*. Freud relatou, em *Além do princípio de prazer*, a experiência de uma criança diante da ausência materna. O jogo em si consistia em fazer desaparecer um carretel pela grade do berço para em seguida recuperá-lo puxando-o pelo cordão ao qual estava atado. O júbilo experimentado pela criança, ao recuperar o carretel, evidenciou para Freud o recurso lúdico usado por ela para lidar com o afastamento materno e, mais que isso, a utilização de um artifício simbólico para lidar ativamente com uma perda que lhe fora imposta sem que seu arbítrio contasse para nada.

Lacan observa que este é o ponto de passagem que permite à criança o recalcamento da mãe como a *coisa* (*das Ding*), o que vai permitir o surgimento de sua condição significante e, portanto, simbólica.

Voltando, todavia, ao texto de Safouan (1979), é dessa falha da função paterna que ele trata; a ausência paterna é definida então pela precariedade da referência simbólica ao *Nome do Pai*. Usa-a para contrapor-se à ideia de Stoller de que o transexualismo seria decorrente de uma intensa identificação à figura materna — portanto, algo da ordem do imaginário — e da maneira pela qual essa mãe se empenha em impedir o processo de separação dessa criança.

Stoller refere-se ao modo idílico como esse vínculo sustenta-se. As ações da mãe estão empenhadas em garantir para a criança um bem-estar tão intenso que poderia representar uma tentativa de continuação da vida intra-uterina com sua ausência de privação. Outra forma por meio da qual ele exemplifica essa relação, observada com muita frequência em sua clínica, é a maneira chamativa como essas crianças revelam-se pouco sensíveis ao medo, garantidas como se sentem pela presença onipotente e onipresente da mãe.

Para Stoller, essa poderosa identificação resultaria no quadro de efeminação observado nesses transexuais, ao que

Safouan contesta afirmando tratar-se não de uma mera resultante identificatória, mas de uma formulação delirante quanto ao ser mulher e, portanto, decorrente de uma falha simbólica durante o processo de subjetivação.

Safouan chama nossa atenção para a trama desejante que envolve essas mães na relação com seus maridos e seus filhos. Afirma ele que

> Depois, sem falar da posição perfeitamente parasitária, que elas conseguiram conferir a maridos mais do que aquiescentes, complacentes, tomamos conhecimento por Stoller (mas aqui a criança não ficaria atrás do mais agudo observador) que essas mulheres que vivem como que despossuídas de sua essência, para elas masculina, têm entretanto uma aversão extrema pelos representantes do outro sexo, e mais especialmente por seu orgão genital, que lhes parece 'feio', 'grotesco': pênis algum para elas é bastante fálico. Todo o brilho fálico, elas entretanto encontraram num objeto verdadeiramente real: precisamente no pênis do filho que, este, lhes parece 'bonito. (p. 90)

E afirma ainda:

> Se é verdade que a mãe encontrou o objeto de seu desejo no real, não é menos verdade que ela o encontrou fora dela mesma: no filho. Aprisionado aí diante dessa mãe que reclama dele a posse de seu pênis-falo como objeto de desejo,

> o que poderá fazer o menino para salvaguardar sua própria condição desejante? (p. 90)

A essa questão Safouan responde dizendo que o transexual se vê obrigado a abrir mão de seu próprio falo para assim ceder lugar a seu desejo ou "*para lançar as bases de sua própria condição desejante*".

E ainda:

> Poder-se-á objetar, talvez: mas que objeto encontrará ele quando aprendeu com sua mãe a detestar os homens? Sim, mas ele também aprendeu a adorar-se, e não deixará de reencontrar um objeto que o reflita: é precisamente para ser capaz de buscar (ou de reencontrar) tal objeto que ele reclama o sacrifício de seu pênis. (p. 90)

O ponto culminante da confrontação de ideias entre esses dois autores resume-se de forma essencial na conclusão de Safouan de que o transexualismo se abriga dentro das fronteiras clínicas da psicose. Diz ele:

> Em resumo, por um caminho cujo traçado esperamos haver descrito corretamente a castração foracluída nesses meninos como castração simbólica, aparece como castração real que os transexuais reclamam com uma paixão que nada tem de brincadeira, a ponto de não hesitarem

> em colocar suas vidas em jogo, se não for satisfeita a sua demanda. Castrados dessa forma eles são, afirmemos correndo o risco de um mal-entendido, as únicas verdadeiras mulheres. (p. 92-93)

Safouan faz, em seguida, alguns importantes comentários sobre o relato parcial ou, melhor dizendo, fragmentário da análise realizada por Stoller da mãe de um dos três meninos. O primeiro destaque foi dado justamente ao fato de que esse menino, cuja mãe entrou em análise, apresentou a melhor resposta ao tratamento entre os três casos citados.

Essa mulher havia nascido em uma família com algumas características especiais — estou chamando de especial uma forma de não integração do interdito da castração. A paciente, segundo Stoller, nasceu entre dois irmãos a quem a mãe devotava toda sua atenção e preferência. Nesse ponto, Stoller faz referência ao efeito desastroso da falta de amor na vida mental da paciente e que segundo ele foi integrado por ela na forma de um vazio imenso, ao que Safouan faz objeção levantando o seguinte questionamento:

> Mas, então, não vemos por que ela requer para se curar disso, não um outro amor ou um amor equivalente, mas o falo. Não seria por que se trata, neste ponto, não de amor, mas de uma dialética do desejo, que escapa tanto ao nosso autor quanto à paciente? (p. 95)

Em outras palavras, tratar-se-ia de uma falha de atribuição fálica e da impossibilidade de constituir-se como mulher a partir da identificação com os indícios de prazer que o corpo materno lhe pudesse ter revelado como consequência do endereçamento de seu desejo ao homem, o terceiro que regularia seu gozo. Em contrapartida ao descaso materno surgia a inegável preferência paterna expressa não só pelas vias do carinho manifesto, mas também por todos os atos de cuidado que a envolvessem: comprar-lhe roupas, levá-la ao médico e fazer dela companheira para seus momentos de lazer.

Quando, porém, completou 6 anos, nasceu sua irmã caçula que, de um só golpe, lhe arrebatou as atenções do pai. Sua reação de ódio foi tamanha que, a partir daí, era como se o pai não existisse.

Safouan insiste na importância do reconhecimento dessa evidente conflitiva edípica, mas não titubeia em afirmar que não se trata pura e simplesmente de uma saída rumo à masculinização, e sim de algo mais radical: ela não queria ser um homem, queria ser o falo.

Houve ainda, por obra do destino, um outro evento capital, que foi o nascimento de um outro irmão quando ela contava 13 anos. Com relação a isso, Safouan adverte-nos para o fato de que esse irmão foi o primeiro objeto a servir-lhe como suporte da falta. Nas palavras dele, este foi o "*primeiro depositário de um pênis como nenhum*". E ainda, mais importante:

> Se ele era também sua primeira vítima, e se as coisas chegaram mais tarde, no seu filho, até o limite da castração real, era, como vemos, sem que ela o quisesse: não são as intenções castradoras que lhe atribuiu Stoller que determinaram esse resultado, mas antes sua deficiência. O inconsciente tem conseqüências que nem sempre estão em conformidade com o gosto do sujeito. (p. 100)

Independentemente do que possa haver de específico nessa história clínica, penso que podemos reconhecer o alcance de alguns elementos fundamentais para que possamos obter os traços genéricos capazes de abranger todos os casos de transexualismo. Estamos diante de uma problemática que, sem dúvida, só pode ser construída mediante o escoamento de tempo que alcança três gerações.

As mães dos transexuais tiveram seus relacionamentos com suas próprias mães marcados pelo que Safouan chamou de *parada na simbolização do desejo*. E uma tal opção nessa direção acaba por definir um quadro mais benigno comparativamente ao que aconteceria em uma situação em que a alternativa fosse a total abolição simbólica, que deixaria entrever o que não hesitaríamos em nomear como um franco estado psicótico.

Eleitos como suporte da identificação fálica, os transexuais sustentam-se emoldurados pelo fascínio da posição feminina e pelo horror da visão do pênis, cujo atributo único é servir de anteparo ao ódio e ao desprezo pelo homem.

# 5.

# Fronteiras clínicas entre homossexualismo, transexualismo e transvestismo

Acredito que seria interessante se, ainda que de forma sucinta, pudéssemos reservar um pequeno espaço nos limites deste trabalho para abordar algumas questões que surgem na intersecção dessas três manifestações da clínica.

Para começar, gostaria de citar algumas diferenças entre o transexualismo e o transvestismo. A bem da verdade, diria, mais propriamente, que a intenção seria delimitar as especificidades de cada uma dessas situações clínicas.

Cabe aqui, no entanto, para poder levar adiante esse comparativo, fazer uma breve apresentação do tema do transvestismo. Se recorrermos à CID-10 (*Classificação de Transtornos Mentais e de Comportamento* da Organização Mundial de Saúde), vamos encontrar no item *Transtornos de Personalidade e de Comportamento*, sob o código F64.1, o chamado transvestismo de duplo papel descrito como sendo um transtorno de identidade sexual. Na mesma CID-10 encontraremos ainda o transvestismo fetichista (F65.1) classificado entre os *Transtornos de Preferência Sexual.*

O transvestismo de duplo papel é definido como sendo

> [...] o uso de roupas do sexo oposto durante parte da existência para desfrutar a experiência temporária de ser membro do sexo oposto, mas sem qualquer desejo de uma mudança de sexo mais permanente ou de redesignação sexual cirúrgica associada. Nenhuma excitação sexual acompanha a troca de roupas, o que distingue o transtorno do transvestismo fetichista. (p. 210)

Para retomar o ponto de vista psicanalítico, gostaria de fazer referência ao pensamento de Limentani (1979), que declarou ser uma preocupação muito importante a realização de um diagnóstico diferencial entre o transexualismo, o transvestismo e a homossexualidade. Esse autor acredita que esse diagnóstico só será realizável nas seguintes condições:

> É apenas no curso de um processo psicoterápico ou mesmo ao longo das entrevistas preliminares que o observador poderá ficar seguro da ausência de ansiedade de castração ou de qualquer sinal de excitação sexual comum ao transvestismo. Não haverá também evidências veladas de desejo de vingança contra a mulher ou mal dissimulada hostilidade contra os homens como aparece nos homossexuais passivos e efeminados. (p. 146)

Especificamente quanto à possibilidade de fazer um comparativo entre o transexualismo e a homossexualidade, Limentani comenta que é inevitável que percebamos uma série de pontos em comum, principalmente quando o papel assumido pela mãe pode ser definido como uma *narcisística organização do self* e o menino parece delegar à mãe a parte masculina dele mesmo e ainda participar ativamente, em conluio com ela, na destruição da figura paterna. Afirma o autor:

> Enquanto a inveja e os sentimentos de competição com a mãe são proeminentes na vida mental do homossexual, eles têm menor significação no transexual masculino que insistirá que, como ele é mulher, não teria razões para invejar as mulheres. (p. 146)

De uma óptica um pouco diferente, e de um outro ponto de vista teórico, vamos encontrar em Bonnet (1999) um interessante trabalho em que o autor aborda os temas do transexualismo e da homossexualidade. Nesse texto, ele lança a ideia de que essas formas de sexuação podem ser consideradas como "soluções sexuais atuais".

Ao tratar da homossexualidade, por exemplo, esse autor esclarece que estará restringindo essa forma de definição — a homossexualidade — a um grupo específico de pessoas que fazem uma escolha exclusiva de parceiros do mesmo sexo e apresentam uma clara rejeição ao sexo oposto, chegando mesmo a experimentar aversão e mal-estar diante da mera perspectiva de contato.

Já no caso do transexualismo, ele insiste em afirmar que estamos diante de uma condição que torna explícito um problema que diz respeito à própria sexuação e não à escolha de objeto em si. Segundo Bonnet (1999),

> [...] trata-se de um sujeito, homem ou mulher, que se diz convencido que o sexo genital que possui não corresponde à sua verdadeira 'natureza' ou, mais propriamente, àquilo que sente realmente ser, e exige da medicina que retifique o que ele considera um erro funesto que o impede de viver normalmente. (p. 33)

Na sequência, resume sua opinião a respeito desses dois destinos sexuais da seguinte forma:

> De um lado, uma repugnância real pelo outro sexo, que conduz a uma rejeição definitiva e radical; de outro lado, uma repugnância por seu próprio sexo, que conduz a uma mutilação irreversível. Parece que temos aqui duas soluções opostas: uma elaborada a partir do corpo do outro, outra a partir do corpo próprio; o objetivo comum é o de fazer desaparecer para sempre um dos orgãos genitais em benefício do outro, assim como os atributos secundários que lhe são associados. (p. 34)

Bonnet (1999) também ressaltou na comparação do transexualismo com o homossexualismo a relevância da repugnância real que o homossexual experimenta pelo outro sexo e que normalmente acaba conduzindo a uma forma de rejeição definitiva e radical. Já o transexual defronta-se com uma forma igualmente radical de rejeição, só que associada ao próprio sexo e que eventualmente poderá conduzi-lo à possibilidade extremada de uma tentativa de automutilação.

Com relação ao que se pode considerar uma forma especial de automutilação, a cirurgia para mudança de sexo, Bonnet é da seguinte opinião:

> No máximo, o que a operação faz é mutilar aqueles que a procuram e dotar-lhes de uma prótese, que em nada equivale ao sexo exigido. O transexual operado faz 'como se' ele fosse uma mulher — e muitas vezes é bastante convincente, inclusive para si mesmo; entretanto, o verdadeiro sucesso da operação não está aí: ele se situa no fato que o transexual foi castrado, de uma vez por todas, dos atributos genitais com os quais ele foi originalmente dotado. (p. 34)

Penso que seria interessante citar aqui uma constatação clínica que se impõe de forma inequívoca pelos dados estatísticos a todos aqueles que lidam com casos que envolvem problemas de identidade de gênero como acontece no transexualismo, no transvestismo de duplo papel e na homossexualidade. Greenson (1968)[1], por exemplo, afirma sem titubear que a incidência de casos masculinos é absolutamente maior que os casos femininos, chegando a uma proporção de quatro casos masculinos para cada um feminino. Afirma ainda que:

> [...] os transvestis (heterossexuais fetichistas que se disfarçam de mulher) são exclusivamente do sexo masculino, e os homossexuais efeminados que se disfarçam de mulher, ao menos em termos de visibilidade social e clínica, excedem em muito a quantidade numérica de mulheres masculinizadas. (p. 136)

Outro aspecto importante dessa comparação da incidência desses quadros entre os sexos é que, além do aspecto quantitativo, também existe um outro igualmente significativo que os diferencia, qual seja, a incidência dessas manifestações de escolhas reveladoras de problemas quanto à identidade de gênero é mais precoce no homem. Constatam Person & Ovesey que "*a feminilidade em meninos pode ser encontrada já no primeiro ano de idade; a masculinidade em meninas dificilmente é observada antes dos três ou quatro anos de idade*" (p. 137).

Gostaria de encerrar essa breve exposição comparativa entre as clínicas abordando aqui especificamente o caso do transexualismo e do transvestismo de duplo papel, citando Moustapha Safouan (1979) quando se refere ao travesti,

---

[1] *Apud* Person & Ovesey (1999).

insistindo quanto ao aspecto de imposição ao real que se verifica quanto à forma de sua fantasia e justificando com isso a assunção de um certo aspecto de "jogo" que caracteriza suas manobras diante da vida. Quanto ao transexual, algo de outra ordem ocorre: "*ele realiza o imaginário, como atesta sua demanda*".

Para Safouan,

> [...] o primeiro legifera à mercê de seu desejo ou do que esse desejo acarreta como angústia de castração, e desprezando a classificação comum; o transexual, este, aceita aparentemente esta última, mas somente contesta o lugar que esta lhe designa. (p. 80)

Em outras palavras, o transexual não contesta a diferenciação entre os sexos: ele a acata em sua formalidade exterior, em seu aspecto de convenção, mas recusa-se a identificar-se com o que lhe apresenta os contornos anatômicos. Já o travesti sabe muito bem do que lhe impõe a realidade; reconhece-a, mas, ao mesmo tempo, recusa-a, fazendo seu desejo conduzi-lo à burla dos limites da castração. Seguindo a linha lógica desse raciocínio, teríamos de concluir que, para o travesti, nada além do que Freud descreveu como *perversão* caber-lhe-ia como enquadre nosográfico. Já o transexualismo aponta para algo bem mais drástico, uma solução radical: existe aí um pênis ou uma aberração anatômica que não me cabe integrar como fazendo parte de mim, extirpem-na, e eu aparecerei como aquilo que sou... psicótico?

# Referências Bibliográficas

ABDO, C. H. N. "Aspectos classificatórios, diagnósticos e terapêuticos dos transtornos da sexualidade". In ABDO, C. H. N. (Org.) *Sexualidade humana e seus transtornos*. São Paulo: Lemos, 1997.

ASSOCIAÇÃO PSIQUIÁTRICA AMERICANA *Critérios diagnósticos do D. S. M.-IV: referência rápida.* Porto Alegre: Artes Médicas, 1995.

AULAGNIER, P. *Um intérprete em busca de sentido* – II. São Paulo: Escuta, 1990.

BONNET, G. "A roda gira: sobre o transexualismo e a homossexualidade". In CECARELLI, P.R. (Org.) *Diferenças sexuais*. São Paulo: Escuta, 1999.

CATONNÉ, J. P. (1992) *A sexualidade, ontem e hoje*. São Paulo: Cortez, 1994.

CECARELLI, P. R. "Teoria sexual e psicanálise". In CECARELLI, P.R. (Org.) *Diferenças sexuais*. São Paulo: Escuta, 1999.

COSTA, J. F. *A inocência e o vício*. Rio de Janeiro: Relume Dumará, 1992.

COSTA, J. F. *A face e o verso (Estudos sobre o homoerotismo II)*. São Paulo: Escuta, 1995.

DOR, J. *O pai e sua função em psicanálise*. Rio de Janeiro: Jorge Zahar, 1991.

FERRAZ, F. C. *Perversão*. (Coleção Clínica Psicanalítica). São Paulo: Casa do Psicólogo, 2000.

FOUCAULT, M. (1972) *História da loucura*. São Paulo: Perspectiva, 1997.

———. *História da sexualidade I: A vontade de saber*. Rio de Janeiro: Graal, 1980.

———. *História da sexualidade II: O uso dos prazeres*. Rio de Janeiro: Graal, 1984.

FREUD, S. (1899) *A correspondência completa de Sigmund Freud para Wilhelm Fliess*. Rio de Janeiro: Imago, 1986.

———. (1896) "Relatório sobre meus estudos em Paris e Berlim". In *Edição Standard Brasileira das Obras Psicológicas Completas*. Rio de Janeiro: Imago, 1980, v. 1.

———. (1900) "A interpretação de sonhos". *Op. cit.*, v. 4-5.

———. (1905) "Três ensaios sobre a teoria da sexualidade". *Op. cit.*, v.7.

———. (1909) "Análise de uma fobia em um menino de cinco anos". *Op. cit.*, v. 10.

———. (1910) "Leonardo da Vinci e uma lembrança de sua infância". *Op. cit.*, v. 11.

———. (1911) "Notas psicanalíticas sobre um relato autobiográfico de um caso de paranóia (*Dementia paranoide*)". *Op. cit.*, v. 12.

FREUD, S. (1914) "Sobre o narcisismo: uma introdução". *Op. cit.*, v. 14.

———. (1920a) "A psicogênese de um caso de homossexualismo numa mulher". *Op. cit.*, v.18.

———. (1920b) "Além do princípio de prazer". *Op. cit.*, v.18.

———. (1923) "O ego e o id". *Op. cit.*, v.19.

———. (1924) "A dissolução do complexo de Édipo". *Op. cit.*, v. 19.

———. (1925) "Algumas conseqüências psíquicas da distinção anatômica entre os sexos". *Op. cit.*, v.19.

———. (1931) "Sexualidade feminina". *Op. cit.*, v.21.

———. (1933) "Novas conferências introdutórias sobre psicanálise". *Op. cit.*, v.22.

LACAN, J. (1958) *As formações do inconsciente* (O Seminário, livro 5). Rio de Janeiro: Zahar, 1999.

LIMENTANI, A. "The significance of transsexualism in relation to some basic psychoanalytic concepts". *Int. Rev. Psycho-Anal.*, 139(6):139-153, 1979.

McDOUGALL, J. "Teoria sexual e psicanálise". In CECARELLI, P. R. (Org.) *Diferenças sexuais*. São Paulo: Escuta, 1999.

ORGANIZAÇÃO MUNDIAL DE SAÚDE *Classificação de Transtornos Mentais e de Comportamento (CID-10): Descrição clínica e diretrizes diagnósticas*. Porto Alegre: Artes Médicas, 1993.

PERSON, E. & OVESEY, L. "Teorias psicanalíticas da identidade de gênero". In CECARELLI, P. R. (Org.) *Diferenças sexuais*. São Paulo: Escuta, 1999.

SAFOUAN, M. "Contribuições à psicanálise do transexualismo". In *Estudo sobre o Édipo: Introdução a uma teoria do sujeito*. Rio de Janeiro: Jorge Zahar, 1979.

STOLLER, R.J. *Sex and gender*. New York: Science House, 1968.

——— *Perversion: The erotic form of hatred*. London: Karnac, 1986.

WINNICOTT, D. W. (1952) "Psicose e cuidados maternos". In *Da pediatria à psicanálise*. Rio de Janeiro: Francisco Alves, 1982.

Impresso por :

Graphium
gráfica e editora

Tel.:11 2769-9056